tapas

Konzept und Produktion: The Bridgewater Book Company Ltd.
Layout: Talking Design

Realisation der deutschen Ausgabe: trans texas publishing, Köln
Übersetzung: Melanie Schirdewahn, Köln

ISBN 978-1-4723-4631-5

Printed in China

Hinweis

Sofern die Schale von Zitrusfrüchten benötigt wird, verwenden Sie unbedingt unbehandelte Früchte. Sind Zutaten in Löffeln angegeben, ist immer ein gestrichener Löffel gemeint: Ein Teelöffel entspricht 5 ml, ein Esslöffel 15 ml. Sofern nicht anders angegeben, wird Vollmilch (3,5 % Fett) verwendet. Es sollte stets frisch gemahlener schwarzer Pfeffer verarbeitet werden. Bei Eiern und einzelnen Gemüsesorten, z. B. Kartoffeln, verwenden Sie mittelgroße Exemplare. Kinder, ältere Menschen, Schwangere, Kranke und Rekonvaleszenten sollten auf Gerichte mit rohen oder nur leicht gegarten Eiern verzichten. Die angegebenen Zeiten können von den tatsächlichen leicht abweichen, da je nach verwendeter Zubereitungsmethode und vorhandenem Herdtyp Schwankungen auftreten.

Inhalt

Einleitung 4

Grundrezepte 7

Gemüse 8

Oliven & Nüsse 82

Eier & Käse 90

Fisch & Meeresfrüchte 120

Fleisch & Geflügel 196

Brot & Pizzas 230

Register 254

Einleitung

Spanien – das steht für Sonne, wunderschöne Landschaft und leckere Tapas. Um den Ursprung der kleinen Speisen ranken sich viele Legenden. So soll König Alfons X. von Kastilien, bekannt als El Sabio (der Weise), wegen einer Krankheit zwischen den Mahlzeiten kleine Häppchen mit Wein genossen haben. Nach seiner Genesung befahl er, Wein von nun an immer mit einer kleinen Beilage zu servieren.

Eine andere Geschichte besagt, dass nicht Kastilien, sondern Andalusien die Wiege der Tapas sei. In dieser bekannten Winzerregion wurde es Brauch, Wein entweder mit einer Scheibe belegtem Brot oder beispielsweise einem Teller mit Oliven abzudecken, um Staub und Insekten fernzuhalten. Dieser Deckel – auf Spanisch „tapa" – wurde schließlich auch die Bezeichnung für die Speise selbst. Wie es auch gewesen sein mag – sicher ist, dass sich Tapas heute in ganz Spanien und weit darüber hinaus wachsender Beliebtheit erfreuen.

Im heutigen Spanien werden Tapas meist zwischen Mittag- und Abendessen in Cafés und Bars zu Wein, Sherry oder Portwein genossen. Tapas haben sich zu einer echten Institution, einem spanischen Lebensstil entwickelt. Gewöhnlich trifft man sich nach Feierabend mit Arbeitskollegen oder Freunden in einer Bar und lässt den Arbeitstag in geselliger Runde mit ein paar Häppchen ausklingen, bevor man sich auf den Heimweg macht. Das Schöne an den Tapas ist, dass man sie individuell zusammenstellen kann: von Kleinigkeiten wie einer Schale Oliven oder gesalzenen Nüssen (cosas de picar) über mit einem Zahnstocher aufgespießte Häppchen (pinchos) bis zu einer ganzen Mahlzeit. Dafür kombiniert man am besten die aufwendiger zubereiteten Gerichte, die in kleinen Tonschalen (cazuelas) aufgetischt werden.

Die Palette an verschiedenen Tapas-Gerichten ist riesig, und sie spiegelt die kulinarischen Traditionen der spanischen Regionen wider. Dieses Buch präsentiert eine Auswahl der beliebtesten Tapas wie

Spanische Tortilla (S. 100) und Tomatenbrot (S. 240) sowie „Runzelkartoffeln“ mit Mojo-Sauce (S. 24) von den Kanarischen Inseln und Katalanischen Klippfischsalat (S. 124), der oft in Barcelona gereicht wird.

Tapas kann man inzwischen aber nicht mehr nur in Spanien genießen. Überall in den pulsierenden Großstädten schießen Tapas-Bars aus dem Boden. In den heimischen Küchen werden die köstlichen Kleinigkeiten ebenfalls immer häufiger zubereitet.

Tapas sind nicht zuletzt auch deshalb so populär, weil sie einen zwanglosen Rahmen bieten, in dem man sich mit Freunden und der Familie zusammensetzen und aus jeder Schale ein wenig naschen kann. Es macht einfach Spaß, verschiedene warme und kalte Speisen miteinander zu kombinieren und auch einmal beim Nebenmann zu probieren. Wie wäre es zunächst mit ein wenig Fisch, dann einem Bissen von der Chorizo und schließlich – nach einem Schluck leckerem Rotwein – einem Griff in die Schale mit den eingelegten Oliven? Holen Sie sich mit den folgenden Rezepten spanische Lebensfreude nach Hause und genießen Sie die Vielfalt der Tapas.

Die wichtigsten Zutaten

KÄSE
In Spanien werden zahlreiche delikate Käsesorten produziert, die jedoch meist nur an ihrem Herstellungsort vertrieben werden. Der Schafmilchkäse Manchego ist wahrscheinlich der bekannteste spanische Käse, und man bekommt ihn in Deutschland in gut sortierten Käsegeschäften. Wenn in den Rezepten auch andere, weniger bekannte spanische Käsesorten zum Einsatz kommen, wird immer ein Ersatzvorschlag mitgeliefert.

CHORIZO
Bei der Chorizo handelt es sich um eine geräucherte oder ungeräucherte Wurst aus Schweinefleisch, die mit sehr viel Paprika gewürzt wird. Sie ist eine der bekanntesten Wurstwaren aus Spanien und auch in Deutschland erhältlich. Angeboten wird sie in verschiedenen Größen und mit unterschiedlichem Fettanteil.

KNOBLAUCH
Knoblauch ist eine der wichtigsten Zutaten in der spanischen Küche. Bewahren Sie ihn an einem dunklen, kühlen Ort auf und verbrauchen Sie ihn innerhalb von 10 Tagen, nachdem die Knolle angebrochen wurde. Achten Sie beim Kauf auf feste Knollen mit einer intakten weißen Außenhaut.

SCHINKEN
Schinken gehört in der spanischen Küche zu den Grundzutaten und wird schon seit mindestens 2000 Jahren hergestellt. Die Qualität hängt stark von seiner Reifezeit ab. Die teuersten Schinken werden oft von Hand geschnitten und können pur mit ein wenig Brot auch als Tapa serviert werden. Preiswertere Schinkensorten sollten hingegen in warmen Gerichten verarbeitet werden. Serrano ist ein gepökelter, luftgetrockneter Schweineschinken aus den spanischen Bergregionen. Er kann auch durch luftgetrockneten italienischen Schinken ersetzt werden.

OLIVENÖL
In Spanien, dem größten Olivenölproduzenten weltweit, findet sich Olivenöl in jeder Küche. Das hochwertigste Öl ist das native Olivenöl extra (Güteklasse I), das kalt gepresst wird und für Dressings und Marinaden verwendet werden sollte. Natives Olivenöl (Güteklasse II) hat einen etwas höheren Säuregehalt, und einfaches Olivenöl (Güteklasse IV), eine Mischung aus raffiniertem und kalt gepresstem Olivenöl, ist gut zum Braten geeignet.

OLIVEN
Oliven sind fester Bestandteil eines Tapas-Menüs. Mehr als die Hälfte der in Spanien zum Verzehr angebauten Olivenarten stammt aus dem sonnenverwöhnten Andalusien. In einigen der hier vorgestellten Rezepte werden Oliven verwendet, die mit „Pimientos“, langen, herzförmigen Paprikaschoten, gefüllt sind.

PAPRIKAPULVER
Spanisches Paprikapulver besteht aus fein gemahlener getrockneter Paprika und ist milder als das hier bekannte edelsüße Paprikapulver. Es finden sich jedoch auch sehr scharfe spanische Paprikavarianten.

Grundrezepte

GEBRATENE KARTOFFELN

FÜR 4 PERSONEN
1 kg Kartoffeln, ungeschält
Olivenöl
grobes Meersalz

1 Die Kartoffeln abbürsten, trocken tupfen und in Stücke schneiden.

2 1 oder 2 große, schwere Pfannen 1 cm hoch mit Öl füllen und je 1 Kartoffelstück hineingeben. Auf mittlerer bis hoher Stufe erhitzen, bis die Kartoffel zu zischen beginnt. Nun die verbliebenen Kartoffeln zufügen. 15 Minuten rundum goldbraun und gar braten. Bei Bedarf in mehreren Portionen arbeiten und die fertigen Kartoffeln warm stellen.

3 Die Kartoffeln mit einem Schaumlöffel aus dem Öl heben und auf zerknülltem Küchenpapier abtropfen lassen. Überschüssiges Öl abtupfen, mit Meersalz bestreuen und sofort servieren.

TOMATEN-PAPRIKA-SALSA

ERGIBT 700 ML
4 EL Olivenöl
10 große Knoblauchzehen
250 g Schalotten, gehackt
4 große rote Paprika, gehackt
1 kg frische, reife Tomaten, gewürfelt, oder 1,25 kg Tomaten aus der Dose, gewürfelt
2 frische Orangenschalenstreifen
1 Prise rote Chiliflocken (nach Belieben)
Salz und Pfeffer

1 Das Olivenöl in einem großen Schmortopf erhitzen. Knoblauch, Schalotten und Paprika darin bei mittlerer Hitze 10 Minuten unter gelegentlichem Rühren andünsten, bis die Paprikastücke weich, aber nicht braun sind.

2 Tomaten (Dosentomaten mit Saft), Orangenschale, Chiliflocken, falls verwendet, sowie Salz und Pfeffer nach Geschmack zufügen. Einmal aufkochen, auf sehr geringe Hitze reduzieren und ohne Deckel 5 Minuten köcheln lassen, bis die Flüssigkeit verdunstet ist. Die Sauce im Mixer zu einer glatten Masse verarbeiten und mit einem Holzlöffel durch ein feines Sieb streichen. Erneut abschmecken. Sofort servieren oder abgedeckt bis zu 3 Tage im Kühlschrank aufbewahren.

Gemüse

Im folgenden Kapitel werden sowohl Gerichte mit Gemüse als Hauptzutat als auch rein vegetarische Gerichte präsentiert. Manche schmecken für sich allein am besten, andere eignen sich hervorragend als Beilage zu anderen Tapas in diesem Buch. Kartoffelgerichte gehören auf jeden Fall in ein Tapas-Menü. Junge Kartoffeln mit Aïoli (S. 12) und Röstkartoffeln mit Chiliöl (S. 15) sind nur zwei der vielen unwiderstehlichen Varianten.

Freuen Sie sich außerdem auf gefüllte Kirschtomaten (S. 38), verführerische Zucchinistreifen mit Käse und Zitronendressing (siehe Seite 43) und diverse leckere Salate.

Spanische Kartoffeln

FÜR 4 PERSONEN

2 EL Olivenöl
500 g kleine junge Kartoffeln, ungeschält und halbiert
1 Zwiebel, halbiert und in dünnen Spalten
1 grüne Paprika, in Streifen
1 TL Chilipulver
1 TL Senf
300 g passierte Tomaten
300 ml Gemüsebrühe
Salz und Pfeffer
frisch gehackte Petersilie, zum Garnieren

1 Das Olivenöl in einer gusseisernen Pfanne erhitzen. Kartoffeln und Zwiebelspalten darin unter häufigem Rühren 4–5 Minuten leicht anbraten.

2 Paprika, Chilipulver und Senf zugeben und alles 2–3 Minuten andünsten.

3 Tomaten und Gemüsebrühe zugeben, umrühren und aufkochen. Die Hitze reduzieren und die Mischung 25 Minuten köcheln lassen (die Kartoffeln sollten weich sein). Mit Salz und Pfeffer würzen. In eine vorgewärmte Schüssel geben. Mit Petersilie bestreuen und sofort servieren.

4 Alternativ das Gericht vollständig abkühlen lassen und zimmerwarm servieren.

Junge Kartoffeln mit Chilisauce

FÜR 4-6 PERSONEN

450 g junge Kartoffeln, ungeschält
2 Knoblauchzehen, gehackt
2 getrocknete rote Chillies, leicht zerstoßen
1 EL edelsüßes Paprikapulver
Salz
2 EL Sherry-Essig
160 ml Olivenöl

VARIATION: Die getrocknete Chili kann auch durch 1 entkernte, fein gehackte rote Chili ersetzt werden. Sie wird am Ende von Schritt 2 unter die Sauce gerührt.

1 Die Kartoffeln in einen Topf mit Dämpfeinsatz geben und über kochendem Wasser 30 Minuten gar dämpfen.

2 Unterdessen für die Sauce Knoblauch, Chillies und Paprika in einem Mörser zu einer Paste zerstoßen und salzen. Portionsweise den Essig unterrühren, das Öl zufügen und alles gut vermengen.

3 Die Kartoffeln in eine angewärmte Schale geben und mit der Chilisauce servieren.

Junge Kartoffeln mit Aïoli

FÜR 6–8 PERSONEN

500 g kleine junge Kartoffeln, ungeschält
1 EL frisch gehackte glatte Petersilie
Salz

Aïoli

1 großes Eigelb, zimmerwarm
1 EL Weißweinessig oder Zitronensaft
2 große Knoblauchzehen
Salz und Pfeffer
5 EL natives Olivenöl extra
5 EL Maiskeimöl

1 Für die Aïoli Eigelb, Essig und Knoblauch sowie Salz und Pfeffer im Mixer mischen. Bei laufendem Gerät sehr langsam das Olivenöl zugießen. Maisöl tropfenweise zugeben, bis die Mischung eindickt, dann das Öl in einem gleichmäßigen Strahl zugießen und zu einer dicken, glatten Sauce verarbeiten. Alternativ Schüssel und Schneebesen benutzen. Für dieses Rezept sollte

die Aïoli eine eher dünnflüssige Konsistenz annehmen. Daher an dieser Stelle 1 Esslöffel Wasser unterrühren.

2 Größere Kartoffeln halbieren oder vierteln, kleine Kartoffeln ganz lassen. In einen großen Topf mit kaltem Salzwasser geben und aufkochen. Herunterschalten und 7 Minuten bissfest köcheln. Abgießen und in eine große Schale füllen.

3 Aïoli über die noch heißen Kartoffeln geben und vorsichtig umrühren (die Kartoffeln nehmen auf diese Weise den Knoblauchgeschmack besser an). 20 Minuten ziehen lassen.

4 In eine vorgewärmte Schüssel füllen. Mit Petersilie bestreuen, nach Belieben salzen und warm servieren. Alternativ das Gericht im Voraus zubereiten, im Kühlschrank aufbewahren und vor dem Servieren wieder zimmerwarm werden lassen.

Kartoffeln im Schinkenmantel

FÜR 4 PERSONEN
12 junge Kartoffeln, ungeschält
2 EL Olivenöl
12 Scheiben Serrano-Schinken
Salz

TIPP: Die Kartoffeln sollten ungefähr die gleiche Größe haben, damit sie zur gleichen Zeit gar sind.

1 Den Backofen auf 200 °C vorheizen. Die Kartoffeln in einen Dämpfer legen und über einen Topf mit kochendem Wasser stellen. Abgedeckt 30 Minuten bissfest dämpfen. Vom Herd nehmen und leicht abkühlen lassen.

2 Das Olivenöl in eine Grillpfanne geben. Die Kartoffeln in je 1 Schinkenscheibe einwickeln und nebeneinander in die Pfanne legen. Im Ofen unter gelegentlichem Wenden 20 Minuten bräunen.

3 Auf vorgewärmte Teller geben. Nach Geschmack salzen. Entweder sofort servieren oder vor dem Servieren ein wenig abkühlen lassen.

Röstkartoffeln mit Chiliöl & Aïoli

FÜR 6 PERSONEN

1 kg Kartoffeln, ungeschält
Olivenöl, zum Frittieren
Meersalz
1 Portion Aïoli (siehe Seite 12)

CHILIÖL

150 ml Olivenöl
2 frische, kleine rote Chillies, aufgeschlitzt
1 TL Chilipulver

TIPP: Dieses Gericht wird in Spanien in vielen verschiedenen Variationen serviert. So werden die Kartoffeln manchmal frittiert oder das Chiliöl mit der Aïoli gemischt.

1 Für das Chiliöl Olivenöl und Chillies auf hoher Stufe erhitzen, bis die Chillies zischen. Vom Herd nehmen und das Chilipulver einrühren. Beiseitestellen und abkühlen lassen. In einen kleinen Krug oder Messbecher geben (die Chillies nicht entfernen).

2 Die Kartoffeln in Stücke schneiden. 1 oder 2 große schwere Pfannen 1 cm hoch mit Olivenöl füllen. Je 1 Kartoffelstück darin auf mittlerer Stufe erhitzen, bis es zischend zu braten beginnt. Die restlichen Kartoffeln zugeben und von allen Seiten 15 Minuten goldbraun braten. Portionsweise verfahren und gebratene Kartoffeln warm halten. Die Kartoffeln mit einem Schaumlöffel herausheben, auf Küchenpapier abtropfen lassen und mit Salz bestreuen.

3 Die Kartoffeln auf 6 Teller verteilen und je 1 Teelöffel Aïoli daraufgeben. Mit Chiliöl beträufeln. Heiß oder zimmerwarm servieren.

Feurig-scharfe Kartoffeln

FÜR 6 PERSONEN

900 g junge Kartoffeln, ungeschält
80 ml Olivenöl
1 EL Sherry-Essig
1 EL roter Pesto
1 TL Paprikapulver
1 Prise Cayennepfeffer
Salz

1 Die Kartoffeln in einen Topf mit kochendem Salzwasser geben und 15 Minuten köcheln lassen, bis sie fast gar sind. Abgießen und abtropfen lassen.

2 Unterdessen 50 ml Öl, Essig, Pesto, Paprikapulver und Cayennepfeffer in einer großen Schüssel verrühren und salzen. Beiseitestellen.

3 Das restliche Olivenöl in einer großen Pfanne erhitzen. Die Kartoffeln vierteln und in die Pfanne geben. Bei mittlerer Hitze unter gelegentlichem Rühren 8–10 Minuten anbraten, bis die Kartoffeln goldbraun und knusprig sind. Mit einem Schaumlöffel aus der Pfanne heben und in die Schüssel mit der Sauce geben.

4 Alles gut vermengen, die Kartoffeln auf Teller verteilen und sofort servieren.

Pikante Kartoffelecken

FÜR 6 PERSONEN
3 TL Paprikapulver
1 TL gemahlener Kreuzkümmel
1/4 – 1/2 TL Cayennepfeffer
1/2 TL Salz
500 g kleine Kartoffeln, ungeschält
Maiskeimöl, zum Frittieren
frische Petersilienzweige, zum Garnieren
Aïoli (siehe Seite 12), zum Servieren (nach Belieben)

TIPP: Die Kartoffeln wie beschrieben garen und mit einer scharfen Tomatensauce (siehe Seite 7) reichen. Dieses Gericht nennt man in Spanien „Patatas Bravas".

1 Paprikapulver, Kreuzkümmel, Cayennepfeffer und Salz in einer kleinen Schüssel gut mischen. Beiseitestellen.

2 Die Kartoffeln in je 8 Spalten schneiden. Eine gusseiserne Pfanne 2,5 cm hoch mit Maiskeimöl füllen und erhitzen. Kartoffelecken darin nebeneinander bei mittlerer Hitze unter gelegentlichem Wenden 10 Minuten rundum goldbraun braten. Mit einem Schaumlöffel herausheben und auf Küchenpapier abtropfen lassen.

3 Die noch heißen Kartoffelecken in eine große Schüssel geben. Mit der Gewürzmischung bestreuen und vorsichtig vermengen.

4 Auf einer großen, vorgewärmten Platte oder in 6 kleinen Schalen anrichten, mit Petersilienzweigen garnieren und heiß servieren. Dazu nach Belieben Aïoli reichen.

Warmer Kartoffelsalat

FÜR 4–6 PERSONEN
175 ml Olivenöl
500 g fest kochende Kartoffeln, in dünnen Scheiben
Salz und Pfeffer
4 EL Weißweinessig
2 Knoblauchzehen, fein gehackt

TIPP: Dieses Gericht kann sowohl kalt als auch warm mit anderen warmen Tapas serviert werden.

1 In einer Pfanne 4 Esslöffel Olivenöl erhitzen. Kartoffelscheiben hineingeben, nach Belieben salzen und pfeffern und bei schwacher Hitze 10 Minuten braten. Die Pfanne dabei gelegentlich leicht rütteln. Kartoffeln wenden und weitere 5 Minuten braten, bis sie weich, aber nicht braun sind.

2 Den Essig in einen kleinen Topf gießen. Nach Belieben Knoblauch und Pfeffer zufügen. Alles aufkochen und das restliche Olivenöl unterrühren.

3 Die Kartoffeln in eine Schüssel geben und das Dressing darübergießen. Vorsichtig umrühren und 15 Minuten ziehen lassen. Auf Schalen verteilen und warm servieren.

Russischer Salat

FÜR 6 PERSONEN

- 2 Eier
- 500 g kleine junge Kartoffeln, ungeschält und in Vierteln
- 125 g feine grüne Bohnen, in 2,5 cm langen Stücken
- 125 g Erbsen, Tiefkühlware aufgetaut
- 125 g Karotten, in 2,5 cm langen Streifen
- 200 g Thunfisch in Olivenöl, abgetropft und in Stücke zerpflückt
- 2 EL Zitronensaft
- 8 EL Mayonnaise
- 1 Knoblauchzehe, zerdrückt
- Salz und Pfeffer
- 4 kleine Gewürzgurken, in Scheiben
- 8 schwarze Oliven, entsteint, halbiert
- 1 EL Kapern
- 1 EL frisch gehackte glatte Petersilie
- 1 EL frisch gehackter Dill, plus einige Zweige, zum Garnieren

1 Die Eier in einem Topf mit Wasser bedecken und zum Kochen bringen. Die Hitze auf die kleinste Stufe reduzieren, den Topf abdecken und die Eier 10 Minuten köcheln lassen. Anschließend unter fließend kaltem Wasser abschrecken. Die Eischale vorsichtig anschlagen und die Eier abkühlen lassen.

2 Die Kartoffeln in Salzwasser zum Kochen bringen, die Hitze reduzieren und 7 Minuten kochen, bis sie gerade weich sind. Bohnen und Erbsen kurz mitkochen. Alles abgießen, unter kaltem Wasser abspülen und vollständig abkühlen lassen.

3 Kartoffeln, Bohnen und Erbsen in eine Schüssel geben. Karotten und Thunfisch zufügen und alles behutsam vermengen. In eine Salatschüssel geben.

4 In einer kleinen Schüssel den Zitronensaft unter die Mayonnaise rühren. Den Knoblauch unterrühren und mit Salz und Pfeffer würzen. Das Mayonnaisedressing über den Salat träufeln.

5 Gurken, Oliven und Kapern über den Salat verteilen und Petersilie und Dill daraufstreuen. Der Salat kann im Kühlschrank aufbewahrt werden, sollte jedoch zimmerwarm serviert werden.

Kurz vor dem Servieren die Eier pellen, längs vierteln, zum Salat geben und diesen mit Dillzweigen garnieren.

Kartoffelecken mit Röstknoblauch-Dip

FÜR 8 PERSONEN

1,25 kg Kartoffeln, ungeschält und halbiert
2 EL Olivenöl
1 Knoblauchzehe, fein gehackt
2 TL Salz

RÖSTKNOBLAUCH-DIP

2 Knoblauchknollen, in Zehen
1 EL Olivenöl
Salz
5 EL saure Sahne oder Naturjoghurt
4 EL Mayonnaise
Paprikapulver, zum Abschmecken (nach Belieben)

1 Für den Röstknoblauch-Dip den Backofen auf 200 °C vorheizen. Die Knoblauchzehen nebeneinander in eine Auflaufform oder ofenfeste Pfanne geben. Das Olivenöl zufügen und die Zehen gründlich darin wenden. Den Knoblauch im Ofen 25 Minuten weich rösten, aus dem Ofen nehmen und abkühlen lassen, bis er lauwarm ist.

2 Die Knoblauchzehen schälen und mit Salz bestreuen. Mit einer Gabel zu einer Paste zerdrücken und in eine Schüssel geben. Saure Sahne und Mayonnaise unterrühren. Mit Salz und Paprikapulver abschmecken. Mit Frischhaltefolie abgedeckt kalt stellen.

3 Die Kartoffelhälften in je 3 Spalten schneiden und in eine große Schüssel geben. Olivenöl, Knoblauch und Salz zufügen und gut mischen. Die Kartoffelspalten nebeneinander in einen Bräter geben und im vorgeheizten Ofen 1–1 1/4 Stunden knusprig goldbraun braten.

4 Aus dem Ofen nehmen und auf kleine Schalen verteilen. Sofort servieren. Dazu den Röstknoblauch-Dip reichen.

VARIATION: Sie können dieses Gericht mit Aioli (siehe Seite 12) oder, falls Sie es eilig haben, auch mit Mayonnaise servieren.

„Runzelkartoffeln" mit Mojo-Sauce

FÜR 4–6 PERSONEN

70 g Meersalz

24 kleine, rotschalige junge Kartoffeln, ungeschält

MOJO-SAUCE

40 g Weißbrot vom Vortag, Krusten entfernt und in kleinen Stücken

2 große Knoblauchzehen

½ TL Salz

1½ EL scharfes spanisches Paprikapulver

1 EL gemahlener Kreuzkümmel

2 EL Rotweinessig

5 EL natives Olivenöl extra

2 Pimientos del Piquillo (Tipp Seite 160) aus der Dose, abgetropft

1 Wasser etwa 2,5 cm hoch in einen Topf geben und das Meersalz einrühren. Die Kartoffeln zugeben, sie müssen nicht mit Wasser bedeckt sein. Ein sauberes Geschirrtuch so falten, dass es die Kartoffeln abdeckt. Aufkochen, die Hitze reduzieren und 20 Minuten köcheln, bis die Kartoffeln weich sind, aber ihre Struktur noch behalten.

2 Das Geschirrtuch entfernen und beiseitelegen. Die Kartoffeln abgießen und zurück in den leeren Topf geben. Wenn das Geschirrtuch kalt genug zum Anfassen ist, das in ihm enthaltene Salzwasser in den Topf wringen. Die Kartoffeln auf niedriger Stufe erhitzen und den Topf schwenken, bis die Kartoffeln trocken und mit einem dünnen, weißen Film überzogen sind. Vom Herd nehmen.

3 Für die Mojo-Sauce das Brot in einer Schüssel knapp mit Wasser bedecken, 5 Minuten einweichen und mit den Händen sehr gut auspressen. Knoblauch und Salz in einem Mörser zu einer Paste verarbeiten. Mit Paprika und Kreuzkümmel verrühren und die Mischung in eine Küchenmaschine geben. 2 Esslöffel Essig zugeben und mischen, das Brot und 2 Esslöffel Öl zugeben und wieder mischen.

4 Bei laufender Maschine die Pfefferschoten portionsweise zugeben und pürieren. Gegebenenfalls mehr Öl zugeben, bis die Sauce dickflüssig und glatt ist. Abschmecken und bei Bedarf noch mehr Essig zugeben.

5 Die Kartoffeln halbieren und auf Holzspießchen stecken. Mit Mojo-Sauce servieren. Die Kartoffeln können heiß oder kalt gegessen werden.

Auberginen-Dip

FÜR 6–8 PERSONEN

1 große Aubergine (400 g)
Salz
5 EL Olivenöl
2 Frühlingszwiebeln, fein gehackt
1 große Knoblauchzehe, zerdrückt
2 EL frisch gehackte Petersilie
Pfeffer
edelsüßes Paprikapulver, zum Garnieren
Baguette, zum Servieren

1 Die Aubergine in dicke Scheiben schneiden und mit Salz bestreuen. 30 Minuten ziehen lassen, abspülen und trocken tupfen.

2 In einer großen Pfanne 4 Esslöffel Olivenöl auf mittlerer Stufe erhitzen. Auberginenscheiben darin auf beiden Seiten goldbraun braten. Aus der Pfanne heben und abkühlen lassen.

3 Das restliche Olivenöl in der Pfanne erhitzen. Frühlingszwiebeln und Knoblauch hineingeben und 3 Minuten glasig dünsten. Vom Herd nehmen und abkühlen lassen.

4 Auberginen, Frühlingszwiebeln und Knoblauch im Mixer zu Püree verarbeiten. In einer Schüssel die Petersilie unterheben. Abschmecken. Mit Paprikapulver bestreuen und entweder sofort servieren oder abgedeckt bis 15 Minuten vor dem Servieren kalt stellen. Dazu Baguette reichen.

Auberginen-Paprika-Dip

FÜR 6–8 PERSONEN

2 große Auberginen
2 rote Paprika
4 EL Olivenöl
2 Knoblauchzehen, grob gehackt
abgeriebene Schale und Saft von ½ Zitrone
1 EL frisch gehackter Koriander, plus Korianderzweige, zum Garnieren
½–1 TL Paprikapulver
Salz und Pfeffer
Weißbrot oder Toast, zum Servieren

1 Den Backofen auf 190 °C vorheizen. Auberginen und Paprika rundum leicht mit einer Gabel einstechen und mit 1 Esslöffel Olivenöl bestreichen. Das Gemüse auf ein Backblech setzen und im Ofen 45 Minuten rösten, bis die Haut schwarz wird, das Auberginenfleisch weich ist und die Paprika zusammenfallen.

2 Auberginen und Paprika in eine Schüssel geben und fest mit einem feuchten Geschirrtuch abdecken oder in einen Gefrierbeutel legen. 15 Minuten abkühlen lassen.

3 Die Auberginen längs halbieren, mit einem Löffel das Fleisch auslösen und dieses in grobe Stücke schneiden. Paprika in grobe Stücke schneiden.

4 Das restliche Olivenöl in einer Pfanne erhitzen. Auberginen und Paprika darin 5 Minuten anbraten, den Knoblauch zufügen und 30 Sekunden andünsten.

5 Den Inhalt der Pfanne auf Küchenpapier abtropfen lassen und in den Mixer geben. Zitronenschale und -saft, Koriander und Paprikapulver sowie Salz und Pfeffer nach Belieben zufügen und alles zu einem groben Püree verarbeiten. Den Dip in eine Schale füllen.

6 Mit Korianderzweigen garniert warm servieren oder 30 Minuten abkühlen lassen. Dazu Weißbrot oder Toast reichen.

VARIATION: Alternativ Auberginen und Paprika 10 Minuten unter häufigem Wenden unter dem Backofengrill rösten. Dieser Dip kann auch sehr gut zu kalten Fleischgerichten serviert werden.

Marinierte Auberginen

FÜR 4 PERSONEN

- 2 Auberginen, längs halbiert
- Salz und Pfeffer
- 4 EL Olivenöl
- 2 Knoblauchzehen, fein gehackt
- 2 EL frisch gehackte Petersilie
- 1 EL frisch gehackter Thymian
- 2 EL Zitronensaft

TIPP: Neuere Auberginenzüchtungen schmecken weniger bitter und müssen daher nicht vor dem Garen eingesalzen werden. Wenn die Auberginen geröstet und nicht angebraten werden, kann man auch sehr gut auf das Einsalzen verzichten.

1 Die Schnittfläche der Auberginenhälften je 2- bis 3-mal einschneiden. Die Auberginen mit der Schale nach unten in eine Auflaufform legen. Salzen und pfeffern, mit Olivenöl beträufeln und mit Knoblauch, Petersilie und Thymian bestreuen. Abgedeckt 2–3 Stunden marinieren.

2 Den Backofen auf 180 °C vorheizen. Die Auberginen ohne Deckel im Ofen 45 Minuten rösten. Die Form aus dem Ofen nehmen und die Auberginen wenden. Mit der Sauce aus der Form bestreichen und mit Zitronensaft beträufeln. Zurück in den Ofen geben und weitere 15 Minuten rösten.

3 Die Auberginen auf einem Teller anrichten. Die Sauce aus der Form darübergeben und heiß oder warm servieren.

Gemüsezwiebelsalat

FÜR 4–6 PERSONEN

4 Gemüsezwiebeln
2 EL frisch gehackte Petersilie
120 g schwarze Oliven, entsteint
Salz und Pfeffer
1 EL Sherry-Essig
2 EL Rotweinessig
125 ml Olivenöl
1 EL Wasser

TIPP: Spanische Zwiebeln sind meist groß und mild. Falls Sie nur die kleineren roten oder weißen Zwiebeln erhalten, sollten Sie für dieses Gericht 5–6 Stück einplanen.

1 Salzwasser in einem großen Topf aufkochen. Die Zwiebeln darin 20 Minuten weich köcheln. Abgießen und abkühlen lassen, bis man sie anfassen kann.

2 Die Zwiebeln in Ringe schneiden und auf eine Platte geben. Mit Petersilie und Oliven bestreuen und mit Salz und Pfeffer würzen.

3 Sherry-Essig, Rotweinessig, Olivenöl und Wasser in einer Schüssel zu einer Vinaigrette verquirlen.

4 Das Dressing über die Zwiebeln geben und den Salat zimmerwarm servieren.

Gefüllte Zwiebeln aus dem Ofen

FÜR 4 PERSONEN

4 Gemüsezwiebeln
2 Scheiben magerer Frühstücksspeck, gewürfelt
½ rote Paprika, gewürfelt
250 g mageres Rinderhack
1 EL gemischte frische Kräuter, z. B. Petersilie, Rosmarin und Thymian, oder 1 TL gemischte getrocknete Kräuter
40 g frische helle Semmelbrösel
Salz und Pfeffer
Butter, zum Einfetten
60 ml Rinderfond
gekochter Langkornreis, zum Servieren
frisch gehackte Petersilie, zum Garnieren

CHAMPIGNONSAUCE

25 g Butter
250 g frische Champignons, fein gehackt
300 ml Rinderfond
2 EL Speisestärke
2 EL Wasser

1 Den Backofen auf 180 °C vorheizen. Die Zwiebeln in einen Topf mit leicht gesalzenem Wasser geben und zum Kochen bringen. Die Hitze reduzieren und die Zwiebeln 15 Minuten weich köcheln lassen.

2 Vom Herd nehmen, abgießen und leicht abkühlen lassen. Die Zwiebeln in der Mitte aushöhlen und das Innere fein hacken.

3 Eine Pfanne erhitzen und den Speck darin auslassen. Gehacktes Zwiebelinnere und rote Paprika zufügen und 5–7 Minuten unter häufigem Rühren dünsten.

4 Das Rinderhack zugeben und 3 Minuten unter Rühren anbräunen. Die Pfanne vom Herd nehmen, Kräuter und Semmelbrösel unterrühren. Mit Salz und Pfeffer würzen.

5 Eine flache Auflaufform einfetten und die ausgehöhlten Zwiebeln hineinsetzen. Die Hackfleischmischung in die Hohlräume füllen und die Brühe zugießen. Die Zwiebeln 1–1½ Stunden im vorgeheizten Ofen backen.

6 Für die Sauce die Butter in einem kleinen Topf zerlassen und die Pilze darin 3–4 Minuten andünsten. Die Flüssigkeit von den Zwiebeln abgießen und mit der Brühe in den Topf geben. 2–3 Minuten köcheln lassen.

7 Speisestärke mit Wasser glatt rühren, in die Sauce geben und bei geringer Hitze unter Rühren andicken. Mit Salz und Pfeffer abschmecken. Die Zwiebeln mit Sauce und Reis anrichten und mit Petersilie garniert servieren.

Maurischer Bohnen-Dip

FÜR 6 PERSONEN

500 g dicke Bohnen, frisch oder Tiefkühlware aufgetaut
5 EL Olivenöl
1 Knoblauchzehe, fein gehackt
1 Zwiebel, fein gehackt
1 TL gemahlener Kreuzkümmel
1 EL Zitronensaft
175 ml Wasser
1 EL frisch gehackte Minze
Salz und Pfeffer
Paprikapulver, zum Garnieren
Gemüse-Rohkost, Baguette oder Grissini, zum Servieren

1 Bei Verwendung frischer Bohnen leicht gesalzenes Wasser in einem großen Topf aufkochen. Bohnen hineingeben und abgedeckt bei geringer Hitze 7 Minuten köcheln lassen. Abgießen, kalt abschrecken und abtropfen lassen. Die Bohnenhäute entfernen. Bei Verwendung von Tiefkühlware die Bohnen auftauen lassen.

2 In einer Pfanne 1 Esslöffel Öl erhitzen. Knoblauch, Zwiebel und Kreuzkümmel darin auf kleiner Stufe unter gelegentlichem Rühren andünsten, bis die Zwiebel glasig ist. Bohnen zufügen und unter häufigem Rühren 5 Minuten garen.

3 Vom Herd nehmen und die Mischung mit Zitronensaft, Wasser, Minze und dem restlichen Olivenöl im Mixer zu einer Paste verarbeiten. Mit Salz und Pfeffer würzen.

4 Die Paste zurück in die Pfanne geben und erwärmen. Den Dip in Schalen füllen und leicht mit Paprikapulver bestäubt servieren. Dazu eine Beilage reichen.

TIPP: Arabische Gewürze und Kräuter sind in der modernen spanischen Küche, besonders im Süden des Landes, sehr beliebt.

Bohnen-Garnelen-Salat mit Käse

FÜR 6 PERSONEN

500 g dicke Bohnen, frisch oder Tiefkühlware aufgetaut
2 frische Thymianzweige
250 g gekochte Garnelen, ausgelöst
250 g Queso Majorero oder Gruyère, gewürfelt
6 EL Olivenöl
2 EL Zitronensaft
1 Knoblauchzehe, fein gehackt
Salz und Pfeffer

1 Salzwasser in einem großen Topf aufkochen. Die Bohnen und 1 Thymianzweig hineingeben, die Hitze reduzieren und die Mischung abgedeckt 7 Minuten köcheln lassen. Abgießen, kalt abschrecken und abtropfen lassen.

2 Die äußere Haut der Bohnen entfernen (bei sehr jungen Bohnen ist das nicht erforderlich). Bohnen, Garnelen und Käse in eine Schüssel geben.

3 Den zweiten Thymianzweig hacken. Olivenöl, Zitronensaft, Knoblauch und den gehackten Thymian in einer zweiten Schüssel verquirlen. Mit Salz und Pfeffer würzen.

4 Das Dressing über die Bohnenmischung geben. Vorsichtig umrühren und servieren.

Dicke Bohnen mit Serrano-Schinken

FÜR 6–8 PERSONEN

50 g Serrano-Schinken, Pancetta oder geräucherter Bauchspeck
125 g Chorizo, ohne Pelle
4 EL Olivenöl
1 Zwiebel, fein gehackt
2 Knoblauchzehen, fein gehackt
1 Schuss trockener Weißwein
500 g dicke Bohnen, Tiefkühlware aufgetaut, oder 1,25 kg frische dicke Bohnen (ergibt ausgelöst 500 g Bohnen)
1 EL frisch gehackter Dill oder frisch gehackte Minze, plus etwas mehr, zum Garnieren
1 Prise Zucker
Salz und Pfeffer

1 Schinken, Pancetta oder Speck in dünne Streifen schneiden. Die Chorizo in 2 cm große Würfel schneiden. Das Öl in einer gusseisernen Pfanne oder einem Schmortopf erhitzen. Die Zwiebel darin 5 Minuten weich dünsten. Bei Verwendung von Pancetta oder Speck diesen mit der Zwiebel anbraten. Den Knoblauch zufügen und 30 Sekunden andünsten.

2 Den Wein zugießen und den Alkohol auf hoher Stufe kochend verdampfen lassen. Die Hitze reduzieren, Bohnen, Chorizo und Schinken zugeben und 1–2 Minuten unter Rühren erwärmen.

3 Abgedeckt bei schwacher Hitze unter gelegentlichem Rühren 10–15 Minuten garen. Das Gericht dabei gut im Auge behalten und, falls es zu trocken wird, noch etwas Wasser zugeben. Wenn die Bohnen weich sind, Dill und Zucker unterheben. Mit Salz und Pfeffer würzen.

4 Die Mischung in eine große, vorgewärmte Schale geben oder auf mehrere kleinere Schalen verteilen. Mit gehacktem Dill garnieren und sehr heiß servieren.

Gemischter Bohnensalat

FÜR 4–6 PERSONEN

200 g dicke Bohnen, frisch oder Tiefkühlware aufgetaut
125 g Buschbohnen, frisch oder Tiefkühlware aufgetaut
125 g Zuckererbsen
1 Schalotte, fein gehackt
6 frische Minzezweige
4 EL Olivenöl
1 EL Sherry-Essig
1 Knoblauchzehe, fein gehackt
Salz und Pfeffer

1 Salzwasser in einem großen Topf aufkochen. Die dicken Bohnen hineingeben, die Hitze reduzieren und die Bohnen abgedeckt 7 Minuten köcheln lassen. Mit einem Schaumlöffel herausheben, kalt abschrecken und abtropfen lassen. Die äußere Haut der Bohnen entfernen (bei sehr jungen Bohnen ist das nicht erforderlich).

2 Unterdessen das Salzwasser erneut aufkochen. Buschbohnen und Zuckererbsen hineingeben und wieder aufkochen. Einige Minuten köcheln lassen. Abgießen und kalt abschrecken. Gut abtropfen lassen.

3 Dicke Bohnen, Buschbohnen, Zuckererbsen und Schalottenwürfel in einer Schüssel mischen. Minzeblätter abzupfen, die Hälfte der Blätter zur Bohnenmischung geben, die andere Hälfte fein hacken.

4 Olivenöl, Essig, Knoblauch und gehackte Minze in einer zweiten Schüssel verquirlen. Mit Salz und Pfeffer würzen. Das Dressing über die Bohnen geben und umrühren. Mit Frischhaltefolie abgedeckt bis zum Servieren kalt stellen.

Gefüllte Kirschtomaten

FÜR 8 PERSONEN
24 Kirschtomaten

SARDELLEN-OLIVEN-FÜLLUNG
50 g Sardellenfilets in Öl
8 grüne Oliven mit Paprikafüllung, fein gehackt
2 große, hart gekochte Eier, fein gehackt
Pfeffer

KREBS-MAYONNAISE-FÜLLUNG
175 g Krebsfleisch aus der Dose, abgetropft
4 EL Mayonnaise
1 EL frisch gehackte glatte Petersilie
Salz und Pfeffer
Paprikapulver, zum Garnieren

OLIVEN-KAPERN-FÜLLUNG
12 schwarze Oliven, entsteint
3 EL Kapern
6 EL Aïoli (siehe Seite 12)
Salz und Pfeffer

1 Falls erforderlich, vom Stielansatz der Tomaten eine sehr dünne Scheibe abschneiden, damit sie gut stehen. Oben jeweils einen dünnen Deckel abschneiden und die Tomaten mit einem Teelöffel aushöhlen (Deckel, Fruchtfleisch und Kerne anderweitig verwenden). Auf Küchenpapier mit der Öffnung nach unten 5 Minuten abtropfen lassen.

2 Für die Sardellen-Oliven-Füllung die Sardellen abtropfen lassen (das Öl auffangen), fein hacken und in eine Schüssel geben. Oliven und Eier zufügen. Mit ein wenig Sardellenöl beträufeln und mit Pfeffer würzen. Nicht salzen. Alles gut vermischen.

3 Für die Krebs-Mayonnaise-Füllung Krebsfleisch, Mayonnaise und Petersilie in einer Schüssel gut mischen. Mit Salz und Pfeffer würzen. Vor dem Servieren mit Paprikapulver bestreuen.

4 Für die Oliven-Kapern-Füllung Oliven und Kapern auf Küchenpapier gut abtropfen lassen, fein hacken und in eine Schüssel geben. Aïoli zufügen und vermischen. Mit Salz und Pfeffer würzen.

5 Je eine Füllung in einen Spritzbeutel mit glatter Tülle (2 cm) geben und je 8 ausgehöhlte Tomaten damit füllen. Bis zum Servieren kalt stellen.

Tomaten-Oliven-Salat

FÜR 6 PERSONEN

2 EL Sherry- oder Rotweinessig
5 EL Olivenöl
1 Knoblauchzehe, fein gehackt
1 TL Paprikapulver
Salz
4 Tomaten, gehäutet und gewürfelt
12 Oliven mit Sardellen- oder Paprikafüllung
½ Gurke, geschält und gewürfelt
2 Schalotten, fein gehackt
1 EL eingelegte Kapern, abgetropft
2–3 Chicorée, in Blättern

1 Für das Dressing Essig, Olivenöl, Knoblauch und Paprikapulver in einer Schüssel verquirlen, salzen und beiseitestellen.

2 Tomaten, Oliven, Gurke, Schalotten und Kapern in eine zweite Schüssel geben. Das Dressing darübergießen und unterheben.

3 6 Salatschälchen mit Chicoréeblättern auslegen. Den Salat in 6 gleich großen Portionen jeweils in die Mitte geben und servieren.

Tomaten mit Reisfüllung

FÜR 4–8 PERSONEN

150 g Langkornreis
150 g schwarze Oliven, entsteint und gehackt
3 EL Olivenöl
Salz und Pfeffer
4 Fleischtomaten, quer halbiert
4 EL frisch gehackte Petersilie

1 Salzwasser in einem großen Topf aufkochen. Den Reis hineingeben, wieder aufkochen und einmal umrühren. Die Hitze reduzieren und den Reis 10–15 Minuten bissfest garen. Abgießen, kalt abspülen und abtropfen lassen. Ein kleines Blech mit Küchenpapier auslegen, den Reis darauf verteilen und 1 Stunde trocknen lassen.

2 Reis, Oliven und Olivenöl in einer Schüssel mischen. Kräftig pfeffern. Mit Frischhaltefolie abgedeckt bei Zimmertemperatur 8 Stunden oder über Nacht ziehen lassen.

3 Die oberen Tomatenhälften (ohne Stielansatz) leicht begradigen. Alle Hälften mit einem Löffel vorsichtig entkernen, das Fruchtfleisch auslösen, fein hacken und zur Reismischung geben. Die Hälften innen nach Belieben salzen und auf Küchenpapier mit der Öffnung nach unten 1 Stunde abtropfen lassen.

4 Die Tomaten mit Küchenpapier trocken tupfen und mit der Reis-Oliven-Mischung füllen. Mit Petersilie bestreut servieren.

VARIATION: Die Füllung passt auch hervorragend zu roter oder gelber Paprika. Die Paprika halbieren und 5 Minuten in kochendem Salzwasser blanchieren. Abgießen, unter fließend kaltem Wasser abschrecken und abtropfen lassen. 4 Tomaten häuten, entkernen und hacken und unter die Füllung rühren. Die Paprika mit der Mischung füllen und servieren.

Knoblauchtomaten

FÜR 6 PERSONEN

- 8 vollreife Tomaten
- 3 frische Thymianzweige, plus etwas mehr, zum Garnieren
- 12 Knoblauchzehen, ungeschält
- 5 EL Olivenöl
- Salz und Pfeffer

TIPP: Sonnengereifte Tomaten eignen sich besonders gut für dieses Gericht, da sie süßer und aromatischer sind als Tomaten aus dem Gewächshaus.

1 Den Backofen auf 220 °C vorheizen. Die Tomaten längs halbieren und mit der Schnittfläche nach oben in eine Auflaufform legen. Thymianzweige und Knoblauchzehen dazwischenstecken.

2 Die Tomaten mit Olivenöl beträufeln und nach Belieben mit Pfeffer würzen. 40–45 Minuten im Ofen rösten, bis die Tomaten weich sind und am Rand dunkel werden.

3 Die Thymianzweige entfernen. Die Tomaten mit Salz und Pfeffer würzen. Mit den zusätzlichen frischen Thymianzweigen garnieren. Heiß oder warm servieren. Bei Tisch den Knoblauch aus seiner Haut auf die Tomaten drücken.

Zucchinistreifen mit Käse & Zitronendressing

FÜR 6 PERSONEN

550 g Zucchini, längs in dünnen Streifen
6 EL Olivenöl
Salz und Pfeffer
175 g junger Manchego oder Mozzarella, gewürfelt
frische Zitronenmelissenblätter, zum Garnieren

ZITRONENDRESSING

5 EL Olivenöl
4 EL Zitronensaft
1 EL flüssiger Honig
1 TL fein abgeriebene Zitronenschale

1 Den Backofen auf 200 °C vorheizen. Die Zucchinistreifen in eine flache Auflaufform legen, mit Olivenöl beträufeln und mit Salz und Pfeffer würzen. Alles gut vermengen und unter gelegentlichem Wenden 30 Minuten im vorgeheizten Ofen goldbraun backen.

2 Für das Zitronendressing Olivenöl, Zitronensaft, Honig und Zitronenschale in einer Schüssel mischen und mit Salz und Pfeffer abschmecken.

3 Die Zucchini in eine Schale geben, mit dem Dressing beträufeln und alles gut vermischen. Bei Zimmertemperatur abkühlen lassen. Kurz vor dem Servieren mit Käse bestreuen und mit Zitronenmelisse garnieren.

Zucchini mit Pinienkernsauce

FÜR 6–8 PERSONEN

500 g kleine Zucchini
3 EL Mehl
1 TL Paprikapulver
1 großes Ei
2 EL Milch
Maiskeimöl, zum Frittieren
grobes Meersalz

PINIENKERNSAUCE

100 g Pinienkerne
1 Knoblauchzehe
3 EL natives Olivenöl extra
1 EL Zitronensaft
3 EL Wasser
1 EL frisch gehackte glatte Petersilie
Salz und Pfeffer

1 Für die Pinienkernsauce Pinienkerne und Knoblauch im Mixer sehr fein hacken. Bei laufendem Gerät nach und nach Olivenöl, Zitronensaft und Wasser zugeben und zu einer Sauce verarbeiten. Petersilie unterrühren und mit Salz und Pfeffer würzen. In eine Schale füllen und beiseitestellen.

2 Die Zucchini diagonal in etwa 5 mm dicke Scheiben

schneiden. Mehl und Paprikapulver in einem Gefrierbeutel mischen. Ei und Milch in einer großen Schüssel verquirlen.

3 Zucchini zum Paprikamehl in den Beutel geben und gut mischen. Überschüssiges Mehl abschütteln. Eine gusseiserne Pfanne 1 cm hoch mit Maiskeimöl füllen. Die Zucchinischeiben einzeln in die Eiermischung tauchen und nebeneinander in das heiße Fett gleiten lassen. Die Scheiben portionsweise 2 Minuten knusprig goldbraun ausbacken (nicht zu viele Zucchini gleichzeitig ausbacken).

4 Die Zucchini-Beignets aus der Pfanne heben und auf Küchenpapier abtropfen lassen. Mit den restlichen Zucchinischeiben ebenso verfahren.

5 Mit etwas Salz bestreuen und sehr heiß servieren. Dazu Pinienkernsauce reichen.

VARIATION: Auf die gleiche Weise können Sie auch Auberginen zubereiten. Für die Sauce können Sie statt Pinienkernen auch Mandeln verwenden.

Frittierte grüne Chillies

ERGIBT 4–6 PORTIONEN

Olivenöl, zum Frittieren
milde oder scharfe grüne Chillies
Meersalz

VARIATION: Für eine etwas gehaltvollere Tapas-Variante eine dünne Brotscheibe mit einem Spiegelei belegen, mit einer frittierten Chili garnieren und alles mit einem Zahnstocher fixieren.

1 Das Öl 7,5 cm hoch in einem gusseisernen Topf auf 190 °C erhitzen oder bis ein Brotwürfel darin in 30 Sekunden bräunt.

2 Die Chillies unter fließend kaltem Wasser abspülen und mit Küchenpapier trocken tupfen. Maximal 20 Sekunden ins Öl tauchen, bis sie hellgrün werden und die Haut Blasen wirft.

3 Mit einem Schaumlöffel herausheben und auf zerknülltem Küchenpapier abtropfen lassen. Mit Meersalz bestreuen und sofort servieren.

Frittierter Blumenkohl

FÜR 4–6 PERSONEN

1 Blumenkohl, in Röschen
1 Ei
150 ml Milch
100 g Mehl
Salz
Pflanzenöl, zum Frittieren
Tomaten-Paprika-Sauce (siehe Seite 7) oder Aïoli (siehe Seite 12), zum Servieren

TIPP: Frittiertes Gemüse ist in Spanien sehr beliebt. Es kann allein oder mit einem pikanten Dip gereicht werden.

1 Salzwasser in einem großen Topf aufkochen. Den Blumenkohl hineingeben und 5 Minuten köcheln lassen. Abgießen, kalt abschrecken und abtropfen lassen.

2 Ei und Milch in einer Schüssel verquirlen. Das Mehl und 1 Teelöffel Salz unterrühren.

3 Das Öl auf 180–190 °C erhitzen. Blumenkohlröschen in den Teig tauchen und im Öl 5 Minuten goldgelb frittieren. Auf Küchenpapier abtropfen lassen. Sofort servieren, dazu Tomaten-Paprika-Sauce oder Aïoli reichen.

Grüne Bohnen mit Pinienkernen

FÜR 8 PERSONEN

2 EL Olivenöl
50 g Pinienkerne
½–1 TL Paprikapulver
500 g grüne Bohnen
1 kleine Zwiebel, fein gehackt
1 Knoblauchzehe, fein gehackt
Salz und Pfeffer
Saft von ½ Zitrone

1 Das Olivenöl in einer gusseisernen Pfanne erhitzen. Die Pinienkerne darin unter ständigem Rühren 1 Minute goldbraun rösten. Mit einem Schaumlöffel herausheben, auf Küchenpapier gut abtropfen lassen und in eine Schüssel geben (das Öl in der Pfanne aufbewahren). Das Paprikapulver zu den Pinienkernen geben und gut mischen. Beiseitestellen.

2 Die Bohnen in einen Topf geben und mit kochendem Wasser übergießen. Wieder aufkochen und 10 Minuten bissfest garen. In einem Sieb gut abtropfen lassen.

3 Das Öl in der Pfanne erneut erhitzen. Die Zwiebel darin 5–10 Minuten glasig dünsten und leicht bräunen. Den Knoblauch zugeben und 30 Sekunden anbraten.

4 Die Bohnen in die Pfanne geben und unter Rühren 2–3 Minuten erhitzen. Mit Salz und Pfeffer würzen.

5 Den Inhalt der Pfanne auf eine vorgewärmte Platte geben. Mit Zitronensaft beträufeln und umrühren. Mit den gerösteten Pinienkernen bestreuen und heiß servieren.

Grüne Bohnen mit Mandeln

FÜR 4–6 PERSONEN
500 g grüne Bohnen
50 g Butter
25 g gehobelte Mandeln
2 TL Zitronensaft
Salz

VARIATION: Die Mandeln können auch durch ungesalzene gehackte Pistazien und der Zitronen- durch Orangensaft ersetzt werden.

1 Salzwasser in einem Topf aufkochen. Die Bohnen hineingeben und bei mittlerer Hitze 8–10 Minuten bissfest garen.

2 Unterdessen die Butter in einer gusseisernen Pfanne zerlassen. Die Mandeln darin bei schwacher Hitze unter häufigem Rühren 3–5 Minuten goldbraun rösten. Zitronensaft zufügen und die Mischung nach Belieben salzen.

3 Die Bohnen abgießen und in die Pfanne geben. Gut umrühren, auf kleine Schalen verteilen und warm servieren.

Grüne Bohnen in Tomatensauce

FÜR 6 PERSONEN
- 25 g Butter
- 2 Knoblauchzehen, fein gehackt
- 2 Frühlingszwiebeln, fein gehackt
- 1 kg grüne Bohnen, in 2,5 cm langen Stücken
- 700 g gehackte Tomaten aus der Dose
- 1 EL Pinienkerne
- 1 EL Zitronensaft
- 1 Lorbeerblatt
- Salz und Pfeffer

VARIATION: Auch Zuckerschoten kann man auf diese delikate Weise zubereiten. Diese allerdings nicht zerschneiden.

1 Die Butter in einer großen, schweren Pfanne erhitzen. Knoblauch und Frühlingszwiebeln darin bei mittlerer Hitze unter gelegentlichem Rühren 3–4 Minuten andünsten. Die Bohnen zufügen und unter häufigem Rühren weitere 4 Minuten dünsten.

2 Tomaten mit Saft, Pinienkerne, Zitronensaft und Lorbeerblatt zugeben und mit Salz und Pfeffer würzen. Die Hitze reduzieren und 30 Minuten sanft köcheln, bis die Bohnen weich sind und die Sauce andickt.

3 Das Lorbeerblatt entfernen. Bei Bedarf erneut mit Salz und Pfeffer abschmecken. Auf angewärmte Teller verteilen und heiß servieren.

Geschmorter Gurkensalat

Für 4 Personen

1 große Salatgurke, geschält
50 g Butter
1 EL frisch gepresster Zitronensaft
1 EL frisch gehackte Minze
Salz und Pfeffer

TIPP: Die Gurkenstücke können, wie die meisten Tapas, mit Zahnstochern anstatt Gabeln aufgepickt werden.

1 Die Gurken halbieren und mit einem Teelöffel entkernen. Die Gurkenhälften in 2 cm dicke Scheiben schneiden und mit etwas Salz in ein Sieb geben. Etwa 30 Minuten abtropfen lassen, unter fließend kaltem Wasser abspülen und erneut sehr gut abtropfen lassen.

2 Die Butter in einem kleinen Topf zerlassen. Die Gurkenscheiben zufügen und bei mittlerer Hitze unter Rühren 3–5 Minuten erhitzen.

3 Zitronensaft und Minze einrühren und alles mit Salz und Pfeffer würzen. In eine vorgewärmte Schüssel füllen und sofort servieren.

Maurischer Zucchinisalat

FÜR 4-6 PERSONEN

4 EL Olivenöl
1 große Knoblauchzehe, zerdrückt
500 g kleine Zucchini, in dünnen Scheiben
50 g Pinienkerne
50 g Rosinen
3 EL Minze, fein gehackt
2 EL Zitronensaft (nach Belieben)
Salz und Pfeffer

1 Das Öl in einer großen Pfanne auf mittlerer Stufe erhitzen. Den Knoblauch hineingeben und goldbraun braten, damit das Öl sein Aroma aufnimmt, dann den Knoblauch herausnehmen.

2 Die Zucchinischeiben zugeben und unter Rühren braten, bis sie gerade weich sind. Sofort aus der Pfanne heben und in eine große Schüssel füllen.

3 Pinienkerne, Rosinen, Minze, Zitronensaft, falls verwendet, sowie Salz und Pfeffer zugeben und verrühren. Abschmecken und bei Bedarf mehr Öl, Zitronensaft oder Gewürze zugeben.

4 Beiseitestellen und vollständig abkühlen lassen, abdecken und für mindestens 3½ Stunden in den Kühlschrank stellen. 10 Minuten vor dem Servieren aus dem Kühlschrank nehmen.

TIPP: Für diesen Salat am besten junge Zucchini verwenden, die nicht dicker als 2,5 cm sind. Größere Zucchini der Länge nach halbieren oder vierteln, bevor sie in dünne Scheiben geschnitten werden.

VARIATION: Für ein etwas würzigeres Aroma 4 Sardellenfilets fein hacken und in Schritt 3 zufügen.

Orangen-Fenchel-Salat

FÜR 4 PERSONEN

4 große, saftige Orangen
1 große Fenchelknolle, in sehr dünnen Scheiben
1 milde weiße Zwiebel, in dünnen Ringen
2 EL natives Olivenöl extra
12 schwarze Oliven, entsteint und in dünnen Scheiben
1 frische rote Chili, in dünnen Ringen (nach Belieben)
frisch gehackte Petersilie, zum Garnieren
Baguette, zum Servieren

1 Die Orangenschale fein abreiben und in einer Schüssel beiseitestellen. Mit einem kleinen Sägeschliffmesser alles Weiße von den Orangen entfernen, dabei über einer Schüssel arbeiten, um den Saft aufzufangen. Orangen quer in dünne Scheiben schneiden.

2 Orangen, Fenchel- und Zwiebelringe mischen. Das Olivenöl in den aufgefangenen Orangensaft einrühren und über den Salat träufeln. Oliven und Chili, falls verwendet, darübergeben. Mit Orangenschale und Petersilie bestreuen, dazu Baguette reichen.

Pimientos mit Käsefüllung

ERGIBT 7–8 STÜCK
175 g eingelegte Pimientos del Piquillo
Salz und Pfeffer
Kräuterzweige, zum Garnieren

HÜTTENKÄSE-KRÄUTER-FÜLLUNG
250 g Hüttenkäse
1 TL Zitronensaft
1 Knoblauchzehe, zerdrückt
4 EL frisch gehackte glatte Petersilie
1 EL frisch gehackte Minze
1 EL gehackter Oregano

THUNFISCH-MAYONNAISE-FÜLLUNG
200 g Thunfisch in Öl, abgetropft
5 EL Mayonnaise
2 TL Zitronensaft
2 EL frisch gehackte glatte Petersilie

ZIEGENKÄSE-OLIVEN-FÜLLUNG
50 g schwarze Oliven, entsteint und fein gehackt
200 g Ziegenfrischkäse
1 Knoblauchzehe, zerdrückt

1 Die Pimientos aus dem Glas oder der Dose nehmen, das Öl aufbewahren.

2 Für die Hüttenkäse-Kräuter-Füllung Hüttenkäse, Zitronensaft, Knoblauch, Petersilie, Minze und Oregano in einer Schüssel gut mischen. Mit Salz und Pfeffer würzen.

3 Für die Thunfisch-Mayonnaise-Füllung Thunfisch, Mayonnaise, Zitronensaft und Petersilie in eine Schüssel geben. 1 Esslöffel Pimiento-Öl zufügen. Gut verrühren und mit Salz und Pfeffer würzen.

4 Für die Ziegenkäse-Oliven-Füllung Oliven, Ziegenkäse, Knoblauch und 1 Esslöffel Pimiento-Öl in einer Schüssel gründlich verrühren und mit Salz und Pfeffer würzen.

5 Die Pimientos nach Wahl füllen. Im Kühlschrank mindestens 2 Stunden kalt stellen.

6 Die Pimientos auf einer Platte anrichten. Die Außenseite der Paprika eventuell mit Küchenpapier abwischen. Mit frischen Kräuterzweigen garniert servieren.

Grüner Spargel mit Spiegelei

FÜR 6 PERSONEN

500 g frischer grüner Spargel
2 EL Olivenöl
6 Eier

1 Die holzigen Enden der Spargelstangen abschneiden. Die Stangen auf gleiche Länge schneiden und locker mit Küchengarn zusammenbinden.

2 Leicht gesalzenes Wasser in einem tiefen Topf zum Kochen bringen. Den Spargel aufrecht hineinstellen, die Spitzen sollten nicht mit Wasser bedeckt sein. Die Hitze reduzieren und etwa 10 Minuten garen. Zur Garprobe eine Spargelstange kurz über dem Wasser mit einem scharfen Messer einstechen.

3 Unterdessen etwas Olivenöl in einer großen, schweren Pfanne erhitzen. 2 Eier in die Pfanne schlagen und bei mittlerer bis geringer Hitze braten, bis das Eiweiß gerade stockt und das Eigelb noch weich ist. Auf einen angewärmten Teller geben und mit den anderen Eiern ebenso verfahren.

4 Den Spargel abgießen und auf Teller verteilen. Sofort servieren.

TIPP: Der Spargel wird mit den Fingern gegessen und in das Eigelb getaucht. Das Eiweiß wird nicht gegessen.

VARIATION: Servieren Sie den Spargel doch einmal mit einem weich gekochten Ei zum Dippen.

Röstspargel in Serrano-Schinken

ERGIBT 12 STÜCK

2 EL Olivenöl
6 Scheiben Serrano-Schinken
12 Stangen grüner Spargel
Pfeffer
Aïoli (siehe Seite 12), zum Servieren

1 Den Backofen auf 200 °C vorheizen. 1 Esslöffel Olivenöl in eine große Auflaufform geben und durch Schwenken auf dem Boden verteilen. Die Schinkenscheiben jeweils längs halbieren.

2 Die holzigen Enden der Spargelstangen entfernen. Die Stangen mit je ½ Scheibe Schinken umwickeln. Spargel in einer Lage in die Form legen und dünn mit dem restlichen Olivenöl bestreichen. Mit Pfeffer würzen.

3 Den Spargel im Ofen 10 Minuten bissfest rösten. Die genaue Backzeit ist von der Dicke

der Stangen abhängig – nicht zu lange rösten, da die Stangen noch fest sein müssen, um sie mit den Fingern essen zu können.

4 Den Spargel sehr heiß servieren. Dazu Aïoli reichen.

Porree mit Kräutermarinade

FÜR 4 PERSONEN
8 kleine Porreestangen
2 EL Olivenöl, plus etwas mehr, zum Bestreichen
2 EL Weißweinessig
2 EL frisch gehackter Schnittlauch
2 EL frisch gehackte Petersilie
1 TL Dijon-Senf
Salz und Pfeffer
Petersilienzweige, zum Garnieren

1 Die Porreestangen längs halbieren. Gründlich waschen und mit Küchenpapier trocken tupfen.

2 Eine Grillpfanne mit Olivenöl ausstreichen und erhitzen. Den Porree darin bei mittlerer Hitze unter gelegentlichem Wenden 5 Minuten braten. In eine flache Auflaufform legen.

3 Unterdessen Olivenöl, Essig, Schnittlauch, Petersilie und Senf in einer Schüssel verquirlen und mit Salz und Pfeffer würzen. Über den Porree geben und mischen. Mit Frischhaltefolie abgedeckt bei Zimmertemperatur unter gelegentlichem Wenden 30 Minuten marinieren.

4 Die Porreehälften auf Teller verteilen und mit Petersilienzweigen garniert servieren.

Röstpaprika mit Honig & Mandeln

FÜR 6 PERSONEN

8 rote Paprika, geviertelt
4 EL Olivenöl
2 Knoblauchzehen, in dünnen Scheiben
25 g gehobelte Mandeln
2 EL flüssiger Honig
2 EL Sherry-Essig
2 EL frisch gehackte Petersilie
Salz und Pfeffer

1 Den Backofengrill vorheizen. Die Paprika mit der Haut nach oben auf ein Backblech legen. Auf der oberen Schiene 8–10 Minuten rösten, bis die Haut schwarz wird. Die Paprika in einen Gefrierbeutel geben und den Beutel verschließen. Abkühlen lassen.

2 Wenn die Paprika abgekühlt sind, die Haut abziehen. Das Fleisch klein schneiden und in eine Schüssel geben.

3 Das Olivenöl in einer gusseisernen Pfanne erhitzen. Den Knoblauch darin bei schwacher Hitze unter häufigem Rühren goldgelb braten. Mandeln, Honig und Essig zugeben. Über die Paprika geben. Petersilie zufügen und nach Geschmack salzen und pfeffern. Gut verrühren.

4 Auf Zimmertemperatur abkühlen lassen und auf Tellern anrichten. Die Paprika können abgedeckt im Kühlschrank aufbewahrt werden, sollten aber zimmerwarm serviert werden.

Röstpaprikasalat

FÜR 8 PERSONEN

- 3 rote Paprika
- 3 gelbe Paprika
- 5 EL natives Olivenöl extra
- 2 EL Sherry-Essig oder Zitronensaft
- 2 Knoblauchzehen, zerdrückt
- 1 Prise Zucker
- Salz und Pfeffer
- 1 EL Kapern
- 8 kleine schwarze Oliven
- 2 EL frisch gehackter Majoran, plus Majoranzweige, zum Garnieren

1 Den Backofengrill vorheizen. Rote und gelbe Paprika auf der oberen Schiene unter häufigem Wenden 10 Minuten rösten, bis die Haut schwarz wird und Blasen wirft. Die Paprika in eine Schüssel geben und mit einem feuchten Geschirrtuch abdecken oder in einen Gefrierbeutel geben. Die Paprika 15 Minuten abkühlen lassen.

2 Die Paprika über eine saubere Schüssel halten, mit einem scharfen Messer unten ein kleines Loch hineinschneiden und vorsichtig den Saft herausdrücken. Über der Schüssel die Haut abziehen. Die Paprika halbieren, Stiel und Kerne entfernen. Das Fleisch in dünne Streifen schneiden und auf einer Platte anrichten.

3 Olivenöl, Essig, Knoblauch und Zucker sowie Salz und Pfeffer zum aufgefangenen Paprikasaft geben. Gut verquirlen und über die Paprikastreifen träufeln.

4 Mit Kapern, Oliven und gehacktem Majoran bestreuen. Mit Majoranzweigen garniert zimmerwarm servieren.

Artischocken-Spargel-Salat

FÜR 4–6 PERSONEN

500 g grüner Spargel
400 g eingelegte Artischockenherzen, abgespült und abgetropft
2 EL frisch gepresster Orangensaft
½ TL fein abgeriebene Orangenschale
2 EL Walnussöl
1 TL Dijon-Senf
Salz und Pfeffer
Salatblätter, zum Servieren

1 Die holzigen Enden der Spargelstangen entfernen. Die Stangen auf gleiche Länge schneiden und zusammenbinden. Wenn Sie einen Spargelkochtopf haben, die Stangen nicht zusammenbinden, sondern in den Korb stellen.

2 Salzwasser in einem hohen Topf aufkochen. Den Spargel hineinstellen (die Spitzen sollten nicht im Wasser sein), die Hitze reduzieren und den Spargel 10–15 Minuten weich köcheln. Zur Garprobe eine Stange knapp über dem Wasser mit einem scharfen Messer einstechen. Abgießen, kalt abschrecken und abtropfen lassen.

3 Den Spargel in 2,5 cm lange Stücke schneiden. Die Artischockenherzen in kleine Spalten schneiden und mit dem Spargel in einer Schüssel mischen.

4 Orangensaft und -schale, Walnussöl und Senf verquirlen und mit Salz und Pfeffer würzen. Kurz vor dem Servieren das Dressing über die Spargel-Artischocken-Mischung geben und alles vorsichtig umrühren.

5 Salatblätter in Schalen anrichten und den Spargel-Artischocken-Salat daraufgeben. Sofort servieren. Alternativ die Spargel-Artischocken-Mischung und das Dressing bis zum Servieren getrennt abgedeckt kalt stellen.

Melonen-Artischocken-Salat mit Chorizo

FÜR 8 PERSONEN

12 kleine Artischocken
Saft von ½ Zitrone
2 EL Olivenöl
1 kleine orangefleischige Melone, z. B. Netzmelone
200 g Chorizo, ohne Pelle
frische Estragon- oder glatte Petersilienzweige, zum Garnieren

DRESSING

3 EL natives Olivenöl extra
1 EL Rotweinessig
1 TL Senf
1 EL frisch gehackter Estragon
Salz und Pfeffer

1 Die Stiele der Artischocken entfernen. Die Außenblätter rund um den Stielansatz abbrechen. Die Blattspitzen abschneiden. Das Dunkelgrüne von der Unterseite mit einem Messer abschälen. Die Schnittflächen mit Zitronensaft bestreichen oder die verarbeiteten Artischocken in eine Schüssel mit kaltem Wasser und etwas Zitronensaft legen. Vorsichtig das Heu (die seidigen Haare in der Mitte) mit den Fingern herausziehen oder mit einem Löffel herauskratzen. Das Heu sollte ganz entfernt werden, da es den Hals reizen kann. Artischocken vierteln und erneut mit Zitronensaft bestreichen.

2 Das Olivenöl in einer Pfanne erhitzen. Die Artischocken darin unter häufigem Rühren 5 Minuten goldbraun braten. In eine große Schüssel geben und abkühlen lassen.

3 Die Melone halbieren, die Kerne mit einem Löffel entfernen. Das Fruchtfleisch in mundgerechte Würfel schneiden. Zu den abgekühlten Artischocken geben. Chorizo in Stücke schneiden und zur Melonen-Artischocken-Mischung geben.

4 Für das Dressing alle Zutaten verquirlen. Kurz vor dem Servieren das Dressing über den Salat geben und umrühren. Mit Estragon- oder Petersilienzweigen garnieren.

VARIATION: Anstelle von Chorizo können Sie auch in dicke Scheiben geschnittenen Serrano-Schinken verwenden.

Knoblauchchampignons

FÜR 6 PERSONEN

500 g Champignons
5 EL Olivenöl
2 Knoblauchzehen, fein gehackt
1 Spritzer Zitronensaft
Salz und Pfeffer
4 EL frisch gehackte Petersilie
Zitronenspalten, zum Garnieren
Baguette, zum Servieren

VARIATION: Die Champignons können auch durch Steinpilze oder Pfifferlinge ersetzt werden. Auch Zucchini lässt sich auf diese Art zubereiten. Dafür noch 1 kleingehackte Zwiebel im Öl glasig dünsten, bevor der Knoblauch zugefügt wird.

1 Die Champignons mit einem Tuch abreiben und die Stiele dicht am Hut abschneiden. Große Champignons halbieren oder vierteln. Das Olivenöl in einer gusseisernen Pfanne erhitzen. Den Knoblauch darin 30–60 Sekunden leicht bräunen. Die Champignons zufügen und bei starker Hitze unter häufigem Rühren dünsten, bis die Pilze das gesamte Öl aufgenommen haben.

2 Auf schwache Hitze herunterschalten. Wenn die Pilze ihren Saft abgegeben haben, wieder hochschalten und weitere 4–5 Minuten unter Rühren schmoren, bis der Saft verdampft ist. Zitronensaft zugeben und mit Salz und Pfeffer würzen. Petersilie unterrühren und kurz erhitzen.

3 Die Champignons in eine vorgewärmte Schale füllen. Mit Zitronenspalten garnieren und sehr heiß oder warm servieren. Dazu Baguette reichen.

Chilichampignons

FÜR 6–8 PERSONEN
50 g Butter
5 EL Olivenöl
1 frische rote Chili
1 kg Champignons
4 Knoblauchzehen, fein gehackt
1 EL Zitronensaft
Salz und Pfeffer
frische Petersilienzweige, zum Garnieren

1 Butter und Olivenöl in einer Pfanne erhitzen. Die Chili entkernen und fein hacken. Mit Champignons und Knoblauch bei mittlerer Hitze unter häufigem Rühren 5 Minuten andünsten. Zitronensaft zugeben und mit Salz und Pfeffer würzen.

2 Die Champignons in vorgewärmte Schalen geben und sofort mit Petersilie garniert servieren.

Gefüllte Champignons

FÜR 6 PERSONEN

150 g Butter

4 Knoblauchzehen, fein gehackt

6 Riesenchampignons mit offenem Hut, Stiele entfernt

100 g frische Semmelbrösel

1 EL frisch gehackter Thymian

Salz und Pfeffer

1 Ei, leicht verquirlt

1 Den Backofen auf 180 °C vorheizen. Die Butter in einer Schüssel schaumig rühren, den Knoblauch zugeben. Die Champignons mit den Lamellen nach oben auf ein Backblech setzen und ⅔ der Knoblauchbutter darauf verteilen.

2 Die restliche Knoblauchbutter in einer Pfanne zerlassen. Die Semmelbrösel darin bei schwacher Hitze unter häufigem Rühren goldbraun rösten. Vom Herd nehmen und in eine Schüssel geben. Den Thymian unterrühren und mit Salz und Pfeffer würzen. Das Ei zufügen und gründlich unterheben.

3 Die Semmelbröselmischung auf die Pilze verteilen. Im Ofen 15 Minuten backen, bis die Champignons weich sind und die Füllung goldbraun ist. Heiß oder warm servieren.

TIPP: Für eine gehaltvollere Variante Kreise aus Weißbrotscheiben ausstechen, von beiden Seiten anrösten und mit Butter oder Knoblauchbutter bestreichen. Auf jeden Kreis dann einen gefüllten Champignon setzen.

Gefüllte Paprika

ERGIBT 6 STÜCK

- 6 EL Olivenöl, plus etwas mehr, zum Bestreichen
- 2 Zwiebeln, fein gehackt
- 2 Knoblauchzehen, zerdrückt
- 150 g Rundkornreis
- 50 g Rosinen
- 50 g Pinienkerne
- 25 g frische Petersilie, fein gehackt
- Salz und Pfeffer
- 1 EL Tomatenmark, in 750 ml heißem Wasser aufgelöst
- 4–6 bunte Gemüsepaprika oder 6 Spitzpaprika

1 Den Backofen auf 200 °C vorheizen. Das Öl in einem flachen Schmortopf erhitzen. Die Zwiebeln darin 3 Minuten andünsten. Den Knoblauch zufügen und 2 Minuten anbraten, bis die Zwiebeln glasig, aber nicht gebräunt sind.

2 Reis, Rosinen und Pinienkerne zufügen und gut unterheben. Die Hälfte der Petersilie zugeben und mit Salz und Pfeffer würzen. Das Tomatenmarkwasser zugießen und aufkochen. Die Hitze reduzieren und die Mischung ohne Deckel unter gelegentlichem Rütteln des Topfes 20 Minuten köcheln lassen, bis der Reis weich ist und kleine Löcher an der Oberfläche zu sehen sind (Vorsicht, die Rosinen brennen leicht an!). Die restliche Petersilie unterheben und leicht abkühlen lassen.

3 Während der Reis gart, einen Deckel von den Paprika abschneiden und beiseitelegen.

4 Die fertige Füllung gleichmäßig auf die Paprika verteilen. Die Deckel wieder aufsetzen und mit Zahnstochern befestigen. Die Paprika dünn mit Olivenöl bestreichen und nebeneinander in eine Auflaufform setzen. Im Ofen 30 Minuten backen. Heiß servieren oder auf Zimmertemperatur abkühlen lassen.

TIPP: Falls Sie Spitzpaprika verwenden möchten, können Sie die Kerne sehr gut mit einem Kugelausstecher oder Teelöffel entfernen.

Paprikagemüse mit Essig & Kapern

FÜR 6 PERSONEN
1 EL Kapern
4 EL Olivenöl
1 kg rote Paprika, halbiert und in Streifen
4 Knoblauchzehen, fein gehackt
2 EL Sherry-Essig
Salz und Pfeffer

1 Bei Verwendung von Salzkapern den Großteil des Salzes abreiben. Bei Verwendung von Essigkapern die Kapern gründlich abspülen.

2 Das Olivenöl in einer großen Pfanne erhitzen. Die Paprikastreifen darin bei mittlerer Hitze unter häufigem Rühren 10 Minuten braten, bis sie am Rand dunkel werden. Kapern und Knoblauch zufügen und weitere 2–3 Minuten braten.

3 Den Essig unterrühren. Mit Salz und Pfeffer würzen – bei Verwendung von Salzkapern sparsam salzen. 1–2 Minuten köcheln lassen und vom Herd nehmen. Sofort servieren oder abgedeckt kalt stellen.

TIPP: Salzkapern sind für dieses Gericht besser geeignet als Essigkapern. Sind Kapern in Öl eingelegt, kann das Öl auch zum Andünsten von Zwiebeln oder Gemüse verwendet werden.

Röstpaprika mit feurig-scharfem Käse

FÜR 6 PERSONEN

1 rote Paprika, halbiert
1 orangefarbene Paprika, halbiert
1 gelbe Paprika, halbiert
125 g Afuega'l Pitu oder ein anderer, scharf gewürzter Käse, gewürfelt
1 EL flüssiger Honig
1 EL Sherry-Essig
Salz und Pfeffer

1 Den Backofengrill vorheizen. Die Paprika mit der Haut nach oben nebeneinander auf ein Backblech setzen. Unter dem Grill auf der oberen Schiene 8–10 Minuten rösten, bis die Haut schwarz wird und Blasen wirft. Die Paprika mit einer Zange in einen Gefrierbeutel geben und den Beutel verschließen. Abkühlen lassen.

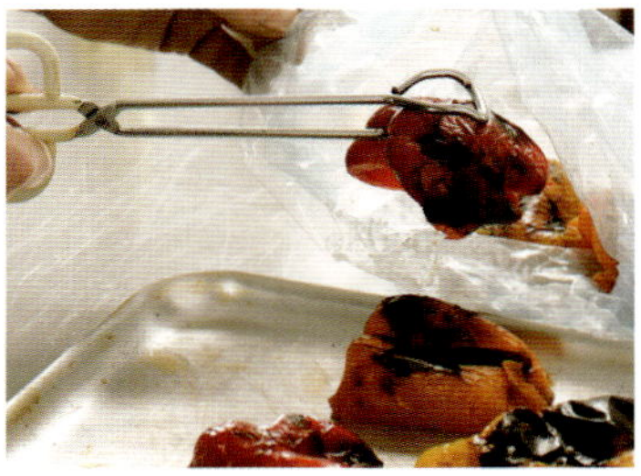

2 Die Paprika häuten, auf einem Teller anrichten und mit dem Käse bestreuen.

3 Honig und Essig in einer Schüssel verrühren und mit Salz und Pfeffer würzen. Das Dressing über die Paprika geben. Bis zum Servieren abgedeckt kalt stellen.

TIPP: Afuega'l Pitu bedeutet „Feuer im Bauch" – eine passender Name für den Chili-Käse aus Asturien. Sie können stattdessen auch ungarischen Liptauer oder anderen Chili-Käse verwenden.

Gefüllte Spitzpaprika

FÜR 6 PERSONEN

200 g Cuajada-Käse, Queso del Tietar oder ein anderer frischer Schafs- oder Ziegenkäse
400 kleine Spitzpaprika, abgetropft
1 EL frisch gehackter Dill
Salz und Pfeffer

TIPP: Dieses Gericht kann mit Cannellini-Bohnen oder auch anderen Bohnen zubereitet werden.

1 Den Käse in etwa 1 cm dicke Scheiben schneiden. Die Spitzpaprika seitlich aufschlitzen, bei Bedarf entkernen und mit dem Käse füllen.

2 Die gefüllten Spitzpaprika auf Teller verteilen. Mit Dill bestreuen und mit Salz und Pfeffer würzen. Abgedeckt bis zur Verwendung in den Kühlschrank stellen.

Lima-Bohnensalat

FÜR 4–6 PERSONEN

400 g Lima-Bohnen aus der Dose
3 Selleriestangen, in dünnen Scheiben
1 saure Gurke, fein gewürfelt
150 ml Olivenöl
4 EL Weißweinessig
1 Knoblauchzehe, fein gehackt
2 TL Dijon-Senf
1 EL frisch gehackte Petersilie
1 Prise Zucker
Salz und Pfeffer
frisch gehackter Schnittlauch, zum Garnieren

VARIATION: Dieses Gericht kann auch mit Cannellini-Bohnen oder anderen Bohnen zubereitet werden.

1 Bohnen abgießen, kalt abspülen und gut abtropfen lassen. Bohnen, Sellerie und saure Gurke in eine Schüssel geben.

2 Olivenöl, Essig, Knoblauch, Senf, Petersilie und Zucker in einer Schüssel verquirlen und mit Salz und Pfeffer würzen.

3 Die Vinaigrette über die Bohnenmischung geben und umrühren. Den Salat in einer Schale anrichten und mit Schnittlauch bestreuen. Zimmerwarm servieren oder abgedeckt kalt stellen.

Empanadillas

FÜR 6–8 PERSONEN

2 EL Olivenöl, plus etwas mehr, zum Einfetten
500 g Blattspinat, Tiefkühlware aufgetaut
2 Knoblauchzehen, fein gehackt
8 Sardellenfilets in Öl, abgetropft und gehackt
2 EL Rosinen, 10 Minuten in heißem Wasser eingeweicht
40 g Pinienkerne
Salz und Pfeffer
450 g Blätterteig, Tiefkühlware aufgetaut
Mehl, zum Bestäuben
1 Ei, leicht verquirlt

1 Den Backofen auf 180 °C vorheizen. 1–2 Backbleche dünn mit Olivenöl einfetten.

2 Den Blattspinat fein hacken.

3 Das Olivenöl in einem großen Topf erhitzen. Den Spinat hineingeben und abgedeckt bei schwacher Hitze unter gelegentlichem Rütteln des Topfes 3 Minuten andünsten. Knoblauch und Sardellen zufügen und ohne Deckel 1 Minute erhitzen. Den Topf vom Herd nehmen.

4 Die Rosinen abgießen, hacken und zum Spinat geben. Die Pinienkerne unterheben und mit Salz und Pfeffer würzen. Die Mischung abkühlen lassen.

5 Den Teig auf einer leicht bemehlten Arbeitsfläche 3 mm dick ausrollen. Mit einer runden Ausstechform Kreise (7,5 cm Ø) ausstechen. Die Teigreste erneut ausrollen und weitere Kreise ausstechen.

6 Je 1–2 gehäufte Esslöffel der Spinatfüllung auf die Teigkreise setzen. Den Teig am Rand mit Wasser bestreichen, über der Füllung zusammenfalten, sodass ein Halbmond entsteht, und den Rand gut zusammendrücken. Die Teigtaschen auf die Bleche setzen, mit Ei bestreichen und im Backofen 15 Minuten goldbraun backen. Anschließend warm servieren.

TIPP: Empanadillas stammen ursprünglich aus Galizien, sind heute aber in ganz Spanien und auch in Südamerika sehr beliebt.

Bandilleras

FÜR 8–10 PERSONEN

1 EL Weißweinessig
4 Knoblauchzehen, fein gehackt
1 frische rote Chili, fein gehackt
1 EL edelsüßes Paprikapulver
4 EL Olivenöl
3 Hähnchenbrustfilets, in 2,5 cm großen Würfeln
1 Avocado
3 EL Zitronensaft
125 g San Simon oder anderer Räucherkäse, gewürfelt
8–10 schwarze Oliven, entsteint
8–10 Kirschtomaten
100 g Manchego oder Gouda, gewürfelt
8–10 grüne Oliven mit Paprikafüllung
½ Charentais-Melone
5–6 Scheiben Serrano-Schinken

PICADA

4 Knoblauchzehen, fein gehackt
6 EL frisch gehackte Petersilie
6 EL fein gehackte saure Gurke
150 ml Olivenöl

1 Essig, Knoblauch, Chili, Paprikapulver und Olivenöl in einer Schüssel verrühren. Das Hähnchenfleisch hineingeben, alles mischen und abgedeckt mindestens 2 Stunden marinieren.

2 Eine große Pfanne erhitzen. Die Hähnchenmischung in die Pfanne geben und bei schwacher Hitze unter Rühren 10–15 Minuten braten. Vom Herd nehmen und auf Zimmertemperatur abkühlen lassen und die Hähnchenwürfel auf Zahnstocher spießen.

3 Die Avocado schälen, in mundgerechte Würfel schneiden und mit Zitronensaft mischen. Mit dem Räucherkäse auf Zahnstocher spießen. Schwarze Oliven, Kirschtomaten, Manchego und gefüllte Oliven auf Zahnstocher stecken.

4 Mit einem Teelöffel 20 Bällchen Melonenfleisch ausstechen. Den Schinken in 20 Streifen schneiden und um die Melonenbällchen wickeln. Die Bällchen auf Holzspießchen stecken.

5 Für die Picada alle Zutaten in einer Schüssel gründlich zu einer dicken Paste verrühren. Die verschiedenen Spießchen – bandilleras – auf einer großen Platte anrichten und mit der Picada servieren.

Oliven & Nüsse

Die spanische Küche ist bekannt für ihre Liebe zu Mandeln und Oliven. Einige ausgesuchte Rezepte rund um diese beiden Zutaten finden Sie auf den folgenden Seiten.

Wenn Sie gern Freunde einladen, überraschen Sie sie doch einmal mit selbst eingelegten Oliven (S. 84) anstatt der üblichen Kartoffelchips. Sehr beliebt und köstlich zu jedem Getränk sind auch die Salzmandeln (S. 89) – ein Rezept, das sich hervorragend mit anderen Nüssen wie Walnüssen, Pistazien, Erdnüssen oder Cashewkernen zubereiten lässt.

Eingelegte Oliven

ERGIBT 500 ML

175 g grüne, mit Paprika gefüllte spanische Oliven in Salzlake, abgetropft
175 g schwarze spanische Oliven in Salzlake, abgetropft
55 g gegrillte Paprika, in dünnen Streifen
2 dünne Zitronenscheiben
2 frische Thymianzweige
1 Lorbeerblatt
1 getrocknete rote Chili
½ TL Fenchelsamen
½ TL Koriandersamen, leicht zerdrückt
natives Olivenöl extra

1 Oliven, Paprikastreifen, Zitronenscheiben, Thymian, Lorbeerblatt, Chili sowie Fenchel- und Koriandersamen in ein 500-ml-Einmachglas geben. Darauf achten, dass die Zutaten gut vermengt sind. Mit Öl bedecken. Das Glas verschließen und vor Gebrauch mindestens 2 Wochen bei Zimmertemperatur stehen lassen.

TIPP: Bei Ölmarinaden wie dieser sollte auf klein geschnittenen Knoblauch verzichtet werden, da es zu einer Ausbreitung von Keimen kommen kann. Verwenden Sie stattdessen lieber fertiges Knoblauchöl. Wird die Marinade im Kühlschrank aufbewahrt, kann es zu einer Trübung kommen, die sich bei Zimmertemperatur jedoch wieder auflöst.

Zitronen-Orangen-Oliven

FÜR 4-6 PERSONEN

2 TL Fenchelsamen
2 TL Kreuzkümmelsamen
250 g grüne Oliven
250 g schwarze Oliven
2 TL abgeriebene Orangenschale
2 TL abgeriebene Zitronenschale
3 Schalotten, fein gehackt
1 Prise Zimt
4 EL Weißweinessig
5 EL Olivenöl
2 EL Orangensaft
1 EL frisch gehackte Minze
1 EL frisch gehackte Petersilie

TIPP: Für dieses Rezept sollten Sie aromatische spanische Oliven verwenden.

1 Fenchel- und Kreuzkümmelsamen in einer kleinen Pfanne ohne Fett unter häufigem Rütteln der Pfanne anrösten, bis sie aufplatzen. Aus der Pfanne nehmen und abkühlen lassen.

2 Oliven, Orangenschale, Zitronenschale, Schalotten, Zimt und die Samen in eine Schüssel geben.

3 Essig, Olivenöl, Orangensaft, Minze und Petersilie in einer zweiten Schüssel verquirlen und über die Oliven geben. Gut umrühren und abgedeckt 1–2 Tage kalt stellen.

Oliven-Sardellen-Röllchen

ERGIBT 12 STÜCK

12 Sardellenfilets in Öl, abgetropft

24 grüne Oliven mit Paprikafüllung, abgetropft

VARIATION: Für dieses Rezept können auch mit Mandeln gefüllte Oliven verwendet werden.

1 Die Sardellenfilets mit einem Messer längs halbieren. Je eine Sardellenfilethälfte um eine Olive wickeln, die Enden überlappen lassen und mit einem Zahnstocher befestigen. Mit den übrigen Oliven und Sardellenfilethälften ebenso verfahren, dabei die Oliven jeweils paarweise auf einen Holzspieß stecken. Sofort servieren oder bis zum Verzehr abdecken.

Marinierte Oliven

FÜR 8 PERSONEN

500 g große grüne Oliven, mit Paprikafüllung, abgetropft
4 Knoblauchzehen
1 kleine Zitrone
2 TL Koriandersamen, im Mörser zerstoßen
4 Thymianzweige
4 Spitzen Fenchelgrün
2 kleine, frische rote Chillies (nach Belieben)
Pfeffer
natives Olivenöl extra

1 Die Oliven mit einem Nudelholz oder einem Fleischklopfer leicht bearbeiten, sodass sie ein wenig aufplatzen. Oder die Oliven mit einem scharfen Messer längs einschneiden. Die Knoblauchzehen mit der breiten Seite der Messerklinge zerdrücken. Die Zitrone ungeschält in kleine Stücke schneiden.

2 Oliven, Knoblauch, Koriandersamen, Zitronenstücke, Thymian, Fenchel und Chillies, falls verwendet, in eine große Schüssel geben und mischen. Mit Pfeffer würzen. Alle Zutaten dicht nebeneinander in ein Schraubglas füllen. Mit Olivenöl auffüllen, sodass die Oliven bedeckt sind. Das Glas gut verschließen.

3 Die Oliven bei Zimmertemperatur 24 Stunden stehen lassen. Im Kühlschrank mindestens 1 Woche, besser noch 2 Wochen, marinieren. Von Zeit zu Zeit das Glas schütteln, um so die Zutaten erneut zu mischen. Vor dem Servieren die Oliven bei Zimmertemperatur etwa 1 Stunde stehen lassen, dann aus dem Öl nehmen. Cocktailspieße bereitstellen.

Paprikamandeln

FÜR 4–6 PERSONEN
1½ EL grobes Meersalz
½ TL edelsüßes Paprikapulver oder Rosenpaprikapulver
500 g abgezogene Mandeln
1–1½ EL natives Olivenöl extra

1 Den Backofen auf 200 °C vorheizen. Meersalz und Paprika im Mörser zu einem feinen Pulver zerstoßen oder eine Miniküchenmaschine verwenden (für einen normalen Mixer ist die Menge zu klein).

2 Mandeln auf einem Backblech im Ofen unter gelegentlichem Wenden 8–10 Minuten goldbraun backen. Ab der 7. Minute genau beobachten, da die Mandeln schnell verbrennen. In eine Schüssel geben.

3 1 Esslöffel Olivenöl über die Mandeln träufeln und gut mischen, sodass alle Mandeln mit einer dünnen Ölschicht überzogen sind (bei Bedarf noch etwas Öl zugeben). Mit dem Paprikasalz bestreuen und erneut umrühren. In eine kleine Schale füllen und zimmerwarm servieren.

Salzmandeln

FÜR 6–8 PERSONEN

250 g ganze Mandeln, mit Haut
4 EL Olivenöl
grobes Meersalz
1 TL Paprikapulver oder gemahlener Kreuzkümmel (nach Belieben)

1 Den Backofen auf 180 °C vorheizen. Die Mandeln in einer großen Schüssel mit kochendem Wasser bedecken, 3–4 Minuten stehen lassen, 1 Minute in kaltes Wasser legen und abgießen. Die Mandeln zwischen zwei Fingern aus der Haut herausdrücken. Auf Küchenpapier gut trocknen lassen.

2 Das Olivenöl in eine Auflaufform geben und durch Schwenken auf dem Boden verteilen. Die Mandeln hineingeben, gut mit dem Öl mischen und nebeneinander verteilen.

3 Im vorgeheizten Ofen unter mehrfachem Wenden 20 Minuten goldbraun rösten. Auf Küchenpapier abtropfen lassen und in eine Schüssel geben.

4 Die noch warmen Mandeln mit reichlich Meersalz und, falls verwendet, Paprika bestreuen und gut umrühren. Die Mandeln warm oder kalt servieren.

Eier & Käse

Ein Muss für jedes Tapas-Menü sind Klassiker wie spanische Tortilla (S. 100) oder Teufelseier (S. 96). Herrlich aromatisch bestehen sie doch aus einfachsten Zutaten und werden durch Variationen mit Spinat oder Chorizo nie langweilig. Als leichte Zwischenmahlzeit auf Zahnstocher aufgespießt werden sie oft als Tortilla-Würfel (S. 98) in Bars gereicht.

Ein Genuss ist auch der spanische Käse, den man hier in gut sortierten Käsegeschäften bekommt. Sollte er einmal nicht vorrätig sein, finden Sie in jedem Rezept Vorschläge für einheimische Alternativen.

Rühreier baskischer Art

FÜR 4–6 PERSONEN

- 3–4 EL Olivenöl
- 1 große Zwiebel, fein gehackt
- 1 große rote Paprika, gewürfelt
- 1 große grüne Paprika, gewürfelt
- 2 große Tomaten, entkernt, geschält und gewürfelt
- 50 g Chorizo, in dünnen Scheiben, ohne Pelle
- 25 g Butter
- 10 große Eier, leicht verquirlt
- Salz und Pfeffer
- 4–6 dicke Scheiben Bauernweißbrot, getoastet, zum Servieren

1 In einer Pfanne 2 Esslöffel Olivenöl auf mittlerer Stufe erhitzen. Zwiebel und Paprika darin 5 Minuten andünsten, bis das Gemüse weich, aber nicht gebräunt ist. Die Tomaten zufügen und erhitzen. Auf einen Teller geben und im vorgeheizten Ofen bei 150 °C warm stellen.

2 1 Esslöffel Öl in die Pfanne geben. Die Chorizo darin 30 Sekunden erhitzen, um das Öl zu aromatisieren. Die Chorizo zum Gemüse in den Ofen geben.

3 Das Öl in der Pfanne auf insgesamt 2 Esslöffel ergänzen. Butter zufügen und zerlassen. Eier mit Salz und Pfeffer würzen, in die Pfanne geben und unter Rühren nach Belieben stocken lassen. Gemüse und Chorizo zurück in die Pfanne geben und unterheben. Sofort auf heißem Toast servieren.

Baskische Eier mit roter Paprika

FÜR 6 PERSONEN
2 rote Paprika, halbiert
6 hart gekochte Eier, abgekühlt und in Scheiben
2 EL Weißweinessig
5 EL Olivenöl
1 Schalotte, fein gehackt
2 TL frisch gehackter Dill
1 Prise Zucker
Salz und Pfeffer

1 Wasser in einem Topf zum Kochen bringen und die Paprika darin 5 Minuten blanchieren. Abgießen, unter fließend kaltem Wasser abschrecken und gut abtropfen lassen. Mit Küchenpapier trocken tupfen und in dünne Streifen schneiden.

2 Die Eierscheiben auf Tellern anrichten und mit den Paprikastreifen belegen. Besonders dekorativ ist ein Gittermuster.

3 Essig, Olivenöl, Schalotte, Dill und Zucker in einer Schüssel mischen und mit Salz und Pfeffer würzen. Das Dressing über die Eier träufeln und sofort servieren.

Flamenco-Eier

FÜR 4 PERSONEN

4 EL Olivenöl
1 Zwiebel, in Ringen
2 Knoblauchzehen, fein gehackt
2 kleine rote Paprika, fein gewürfelt
4 Tomaten, entkernt, geschält und gewürfelt
1 EL frisch gehackte Petersilie
Salz und Cayennepfeffer
200 g Mais aus der Dose, abgetropft
4 Eier

1 Den Backofen auf 180°C vorheizen. Das Olivenöl in einer gusseisernen Pfanne erhitzen. Zwiebelringe und Knoblauch darin auf kleiner Stufe unter gelegentlichem Rühren 5 Minuten glasig dünsten. Die Paprika zugeben und unter gelegentlichem Rühren 10 Minuten andünsten. Tomaten und Petersilie zufügen. Mit Salz und Cayennepfeffer würzen und 5 Minuten weiterdünsten. Den Mais unterrühren und die Pfanne vom Herd nehmen.

2 Die Mischung auf 4 kleine Ramequin-Formen verteilen. Mit der Rückseite eines Löffels in jede Portion eine Vertiefung drücken und je 1 Ei hineinschlagen.

3 Im vorgeheizten Backofen 15–20 Minuten backen, bis die Eier gestockt sind. Heiß servieren.

TIPP: Sie können auch alles in einer großen Auflaufform zubereiten. In diesem Fall sollten Sie beachten, dass sich die Garzeit etwas verlängert.

Teufelseier

ERGIBT 16 STÜCK

- 8 große Eier
- 2 eingelegte Pimientos del Piquillo
- 8 grüne Oliven
- 5 EL Mayonnaise
- 8 Tropfen Tabasco
- 1 große Prise Cayennepfeffer
- Salz und Pfeffer
- Paprikapulver, zum Bestäuben
- frische Dillzweige, zum Garnieren

1 Die Eier in einen Topf mit kaltem Wasser geben und langsam aufkochen. Die Hitze reduzieren und die Eier abgedeckt 10 Minuten köcheln lassen. Sofort unter fließend kaltem Wasser abschrecken. Die Eierschale vorsichtig aufschlagen. Die abgekühlten Eier schälen.

2 Die Eier längs halbieren. Das Eigelb auslösen, durch ein feines Sieb in eine Schüssel streichen und mit einer Gabel zerdrücken. Das Eiweiß kalt abspülen und trocken tupfen.

3 Die Pimientos gut trocken tupfen und fein hacken (einige Streifen aufbewahren). Die Oliven fein hacken. Wenn Sie die Füllung mit einem Spritzbeutel in die Eier spritzen möchten, die Pimientos und Oliven sehr fein hacken. Die Pimientos und den Großteil der gehackten Oliven zum Eigelb geben (16 Olivenstücke zum Garnieren aufbewahren). Mayonnaise, Tabasco und Cayennepfeffer zugeben und gut vermischen. Mit Salz und Pfeffer würzen.

4 Die Eigelbfüllung in einen Spritzbeutel mit glatter Tülle (1 cm) füllen und in die Eiweißhälften spritzen oder mit einem Teelöffel in die Hälften füllen. Die Eierhälften auf einer Platte anrichten. Je 1 kleinen Pimiento-Streifen und 1 Olivenstück auf die Füllung setzen. Mit Paprika bestäubt und mit Dillzweigen garniert servieren.

Gefüllte frittierte Eier

FÜR 6 PERSONEN

6 hart gekochte Eier, abgekühlt
125 g Sardinen in Öl, abgetropft
4 EL Zitronensaft
1 Spritzer Tabasco
1–2 EL Mayonnaise
Salz und Pfeffer
40 g Mehl
150 g frische Semmelbrösel
1 großes Ei, leicht verquirlt
Pflanzenöl, zum Frittieren
frische Petersilie, zum Garnieren

1 Die Eier längs halbieren. Das Eigelb vorsichtig mit einem Teelöffel auslösen und in ein feines Sieb geben, die Eiweißhälften beiseitestellen. Das Eigelb durch das Sieb in eine Schüssel streichen.

2 Die Sardinen mit einer Gabel zerdrücken und mit dem Eigelb mischen. Zitronensaft und Tabasco unterrühren. So viel Mayonnaise zufügen, dass eine Paste entsteht. Mit Salz und Pfeffer würzen.

3 Füllung auf die Eiweißhälften geben. Mehl und Semmelbrösel in 2 flache Schüsseln geben. Die Eier nacheinander im Mehl wenden, in das Ei tauchen und in den Semmelbröseln panieren.

4 Das Pflanzenöl in der Fritteuse oder in einem großen Topf auf 180–190 °C erhitzen, bis ein Brotwürfel darin in 30 Sekunden bräunt. Die panierten Eier darin portionsweise 2 Minuten goldbraun frittieren. Auf Küchenpapier abtropfen lassen und mit Petersilie garniert heiß servieren.

Tortilla-Würfel

ERGIBT 48 STÜCK

Olivenöl, zum Einfetten und Dünsten
1 große Knoblauchzehe, zerdrückt
4 Frühlingszwiebeln, fein gehackt
1 grüne Paprika, fein gewürfelt
1 rote Paprika, fein gewürfelt
175 g Kartoffeln, gekocht und gewürfelt
5 große Eier
125 g saure Sahne
175 g Roncal-Käse, Gouda oder Parmesan, frisch gerieben
3 EL frisch gehackter Schnittlauch
Salz und Pfeffer
1 Baguette, in Scheiben
Salatblätter, zum Servieren

1 Den Backofen auf 190 °C vorheizen. Eine Auflaufform (18 cm x 25 cm) mit Alufolie auslegen und mit Olivenöl einfetten. Beiseitestellen.

2 Knoblauch, Frühlingszwiebeln und Paprika mit etwas Olivenöl in einer Pfanne bei mittlerer Hitze unter Rühren 10 Minuten weich dünsten. Abkühlen lassen und die Kartoffelwürfel zufügen.

3 Eier, saure Sahne, Käse und Schnittlauch in einer großen Schüssel verquirlen. Das abgekühlte Gemüse unterheben. Mit Salz und Pfeffer würzen.

4 Die Mischung in die Form geben und glatt streichen. 30–40 Minuten im Ofen goldbraun backen und stocken lassen. Herausnehmen und abkühlen lassen. Die Tortilla am Rand mit einem Spatel lösen, auf ein Brett stürzen und die Alufolie abziehen. Wenn die Oberfläche noch sehr weich aussieht, die Tortilla auf der mittleren Schiene unter dem Backofengrill stocken lassen.

5 Vollständig abkühlen lassen. Die Ränder begradigen und die Tortilla in 48 Würfel schneiden. Auf einer Platte anrichten oder die Tortilla-Würfel jeweils mit einem Holzspieß auf einer halben Baguettescheibe feststecken. Mit Salatblättern servieren.

Spanische Tortilla

ERGIBT 8–10 PORTIONEN

125 ml Olivenöl
600 g Kartoffeln, geschält und in dünnen Scheiben
1 große Zwiebel, in dünnen Ringen
6 große Eier
Salz und Pfeffer
glatte Petersilie, zum Garnieren

1 Das Öl in einer beschichteten Pfanne (25 cm Ø) erwärmen. Die Hitze reduzieren, Kartoffeln und Zwiebel hineingeben und 15–20 Minuten garen, bis die Kartoffeln weich sind.

2 Die Eier in einer Schüssel verquirlen und gut mit Salz und Pfeffer würzen. Kartoffeln und Zwiebel in einem Sieb über einer hitzebeständigen Schüssel abtropfen lassen, um das Öl aufzufangen. Mit den Eiern verrühren und 10 Minuten stehen lassen.

3 Festsitzende Reste mit einem Holzlöffel oder Spatel vom Boden der Pfanne entfernen. 4 Esslöffel des aufgefangenen Öls auf mittlerer Stufe in der Pfanne erhitzen. Die Eimischung hineingeben, Kartoffeln und Zwiebel gleichmäßig verteilen und glatt streichen.

4 Unter gelegentlichem Schwenken der Pfanne etwa 5 Minuten garen, bis die Unterseite gestockt ist. Den Rand der Tortilla mit einem Spatel lösen. Einen großen Teller auf ihre Oberseite legen und die Tortilla vorsichtig auf den Teller stürzen.

5 1 weiteren Esslöffel des aufgefangenen Öls in die Pfanne geben und verteilen. Die Tortilla mit der gegarten Seite nach oben vorsichtig in die Pfanne gleiten lassen. Mit dem Spatel am Rand lösen und andrücken.

6 Weitere 3 Minuten braten, bis die Eier gestockt sind und der Boden goldbraun ist. Die Pfanne vom Herd nehmen und die Tortilla auf einen Teller gleiten lassen. Vor dem Anschneiden mindestens 5 Minuten stehen lassen. Warm oder kalt mit Petersilie bestreut servieren.

Spinat-Champignon-Tortilla

FÜR 4 PERSONEN

2 EL Olivenöl
3 Schalotten, fein gehackt
350 g Champignons, in Scheiben
275 g Blattspinat
Salz und Pfeffer
50 g Mandeln, gehobelt und geröstet
5 Eier
2 EL frisch gehackte Petersilie
2 EL kaltes Wasser
75 g gereifter Mahón, Manchego oder Parmesan, gerieben

1 Das Olivenöl in einer ofenfesten Pfanne erhitzen. Die Schalotten darin auf niedriger Stufe unter gelegentlichem Rühren 5 Minuten glasig dünsten. Die Champignons zufügen und unter häufigem Rühren 4 Minuten andünsten. Auf mittlere Hitze schalten, den Spinat zugeben und unter häufigem Rühren 3–4 Minuten zusammenfallen lassen. Die Hitze reduzieren, mit Salz und Pfeffer würzen und die Mandeln zufügen.

2 Eier, Petersilie, Wasser, Salz und Pfeffer in einer Schüssel verquirlen. Die Mischung in die Pfanne geben und 5–8 Minuten braten, bis die Unterseite gestockt ist. Den Rand ab und zu anheben, um flüssiges Ei unter die Tortilla laufen zu lassen. Unterdessen den Backofengrill vorheizen.

3 Die Tortilla mit Käse bestreuen und auf der oberen Schiene unter dem Grill 3 Minuten überbacken, bis der Käse geschmolzen ist. In Stücke geschnitten warm oder kalt servieren.

Chorizo-Käse-Tortilla

FÜR 8 PERSONEN

2 kleine Kartoffeln
4 EL Olivenöl
1 kleine Zwiebel, gehackt
1 rote Paprika, gewürfelt
2 Tomaten, entkernt und gewürfelt
150 g Chorizo, fein gewürfelt
8 große Eier
2 EL kaltes Wasser
Salz und Pfeffer
50 g gereifter Mahón, Manchego oder Parmesan, gerieben

1 Die Kartoffeln in einem kleinen Topf mit leicht gesalzenem Wasser 15–20 Minuten bissfest kochen. Abgießen, abkühlen lassen und würfeln.

2 Das Olivenöl in einer großen Pfanne erhitzen. Zwiebel, Paprika und Tomaten darin auf kleiner Stufe unter gelegentlichem Rühren 5 Minuten andünsten. Kartoffel- und Chorizowürfel zugeben und 5 Minuten weiterdünsten. Unterdessen den Backofengrill vorheizen.

3 Eier, Wasser, Salz und Pfeffer in einer großen Schüssel verquirlen. Die Mischung in die Pfanne geben und 8–10 Minuten braten, bis die Unterseite gestockt ist. Den Rand ab und zu anheben, um flüssiges Ei unter die Tortilla laufen zu lassen. Die Tortilla mit Käse bestreuen und auf der oberen Schiene unter dem Grill 3 Minuten überbacken, bis der Käse geschmolzen ist. In schmale Stücke schneiden und warm oder kalt servieren.

Gebackene Tomatennester

FÜR 4 PERSONEN
4 große, reife Tomaten
Salz und Pfeffer
4 große Eier
4 EL Crème double oder Crème fraîche
4 EL geriebener gereifter Mahón, Manchego oder Parmesan

1 Den Backofen auf 180 °C vorheizen. Einen Deckel von den Tomaten abschneiden und die Früchte vorsichtig aushöhlen. Die Tomaten auf den Kopf stellen und auf Küchenpapier 15 Minuten abtropfen lassen, dann innen mit Salz und Pfeffer würzen.

2 Die Tomaten in eine Auflaufform setzen, die gerade groß genug ist, dass sie darin nebeneinander Platz haben. In jede Tomate vorsichtig 1 Ei schlagen und je 1 Esslöffel Crème double und 1 Esslöffel Käse daraufgeben.

3 Im vorgeheizten Ofen 15–20 Minuten backen, bis die Eier gerade gestockt sind. Heiß servieren.

TIPP: Mahón-Käse stammt von Menorca, der nördlichsten Insel der Balearen. Er wird in Spanien meist wie Parmesan verwendet.

Käseeier

FÜR 6 PERSONEN

- 6 hart gekochte Eier, abgekühlt
- 3 EL geriebener Manchego oder Gouda
- 1–2 EL Mayonnaise
- 2 EL frisch gehackter Schnittlauch
- 1 frische rote Chili, fein gehackt
- Salz und Pfeffer
- Eisbergsalatblätter, zum Servieren

VARIATION: Die Eier können auch durch 18 Wachteleier ersetzt werden. Diese 3–4 Minuten kochen, unter fließend kaltem Wasser abschrecken und sofort schälen.

1 Die Eier längs halbieren. Das Eigelb vorsichtig mit einem Teelöffel auslösen und in ein feines Sieb geben, die Eiweißhälften beiseitestellen. Das Eigelb durch ein Sieb in eine Schüssel streichen. Mit Käse, Mayonnaise, Schnittlauch und Chili verrühren, mit Salz und Pfeffer würzen. Die Masse in die Eiweißhälften füllen.

2 Die Salatblätter auf Tellern anrichten und die Käseeier daraufsetzen. Bis zum Servieren abgedeckt kalt stellen.

Feigen mit Blauschimmelkäse

FÜR 6 PERSONEN

KARAMELLISIERTE MANDELN
125 g Zucker
125 g ganze Mandeln
Butter, zum Einfetten

ZUM SERVIEREN
12 reife Feigen
350 g spanischer Blauschimmelkäse, z. B. Picós, zerbröckelt
natives Olivenöl extra, zum Beträufeln

VARIATION: Sie können die Mandeln auch durch Walnusskerne ersetzen.

1 Für die karamellisierten Mandeln den Zucker in einem Topf bei mittlerer Hitze unter Rühren schmelzen und goldbraun werden lassen. Sobald der Zucker kocht, nicht mehr rühren. Vom Herd nehmen, die Mandeln einzeln hineingeben und mit einer Gabel im Karamell wenden (wenn der Karamell hart wird, den Topf wieder auf den Herd stellen). Die Karamell-Mandeln auf ein dünn eingefettetes Backblech geben. Abkühlen und fest werden lassen.

2 Zum Servieren die Feigen halbieren und je 4 Hälften auf Tellern anrichten. Die Mandeln von Hand grob hacken. Den Blauschimmelkäse auf die Teller häufen und mit den Mandeln bestreuen. Die Feigen sehr sparsam mit Olivenöl beträufeln.

Käse-Oliven-Empanadillas

ERGIBT 26 STÜCK

100 g Hart- oder Weichkäse
50 g grüne Oliven, entsteint
75 g getrocknete Tomaten in Öl, abgetropft
50 g eingelegte Sardellenfilets, abgetropft
frisch gemahlener Pfeffer
50 g Pesto rosso
500 g Blätterteig, Tiefkühlware aufgetaut
Mehl, zum Bestäuben
1 verquirltes Ei, zum Bestreichen
frische glatte Petersilienzweige, zum Garnieren

1 Den Backofen auf 200 °C vorheizen. Den Käse in 5 mm große Würfel schneiden. Oliven, Tomaten und Sardellenfilets in etwa ebenso große Stücke schneiden. Alle klein geschnittenen Zutaten in eine Schüssel geben, mit Pfeffer abschmecken und vorsichtig mischen. Den Pesto rosso unterrühren.

2 Den Blätterteig auf einer leicht bemehlten Arbeitsfläche dünn ausrollen. Mit einem runden Ausstecher (8 cm Ø) 18 Kreise ausstechen. Die Teigreste erneut ausrollen und weitere 8 Kreise ausstechen. Die Füllung teelöffelweise in die Mitte der Teigkreise setzen. Den Teig am Rand leicht mit Wasser befeuchten, über der Füllung zu einem Halbkreis zusammenfalten und mit den Fingern fest zusammendrücken. Mit der Spitze eines scharfen Messers jede Teigtasche einschneiden. Die Teigtaschen können direkt gebacken oder kalt gestellt werden.

3 Die Teigtaschen auf befeuchtete Backbleche setzen und mit etwas Ei bestreichen. Im vorgeheizten Ofen 10–15 Minuten goldbraun und knusprig backen. Die Empanadillas heiß, warm oder kalt mit Petersilienzweigen garniert servieren.

TIPP: Nicht alle spanischen Käsesorten sind in Supermärkten erhältlich. Für dieses Gericht eignen sich Manchego, Cheddar, Gruyère, Mozarella oder ein schnittfester Ziegenkäse.

Käse-Windbeutelchen mit Tomatensauce

FÜR 8 PERSONEN
75 g Mehl
4 EL Olivenöl
150 ml Wasser
2 Eier, verquirlt
50 g Manchego, Parmesan, Gouda, Cheddar oder Gruyère, fein gerieben
½ TL Paprikapulver
Salz und Pfeffer
Sonnenblumenöl, zum Frittieren

FEURIGE TOMATENSAUCE
2 EL Olivenöl
1 kleine Zwiebel, fein gehackt
1 Knoblauchzehe, zerdrückt
1 Schuss trockener Weißwein
400 g Tomaten aus der Dose, gewürfelt
1 EL Tomatenmark
¼–½ TL Chiliflocken
1 Spritzer Tabasco
1 Prise Zucker
Salz und Pfeffer

1 Für die Sauce das Olivenöl in einem Topf erhitzen. Die Zwiebel darin 5 Minuten glasig dünsten. Den Knoblauch zufügen und 30 Sekunden anbraten. Den Wein zugießen und aufkochen, die restlichen Saucenzutaten zufügen und ohne Deckel 10–15 Minuten köcheln lassen. In eine Schale füllen und bis zum Servieren beiseitestellen.

2 Das Mehl auf einen Teller sieben. Olivenöl und Wasser in einem Topf langsam aufkochen. Sobald das Wasser kocht, den Topf vom Herd nehmen und das Mehl hineingeben. Mit einem Holzlöffel verrühren, bis die Masse glatt ist und sich vom Topfrand löst. 1–2 Minuten abkühlen lassen. Nach und nach die Eier zugeben und jeweils sehr gut unterrühren. Käse und Paprika zufügen, mit Salz und Pfeffer würzen und gut umrühren. Bis zum Frittieren kalt stellen.

3 Kurz vor dem Servieren Öl in einer Fritteuse auf 180–190 °C erhitzen. Die Masse teelöffelweise in das heiße Öl geben und 2–3 Minuten goldbraun ausbacken, dabei einmal wenden. Die Windbeutelchen sollten dabei aufgehen und nach oben steigen. Auf Küchenpapier abtropfen lassen. Die Windbeutelchen heiß mit Cocktailspießen servieren. Dazu feurige Tomatensauce reichen.

Burgos mit Sherry-Essig

FÜR 4 PERSONEN

400 g Burgos-Käse oder ein anderer Schafsmilch-Frischkäse oder Schichtkäse
1–2 EL flüssiger Honig
1½–3 EL Sherry-Essig

ZUM SERVIEREN

Karottenstifte
gekühlter Sherry

TIPP: Burgos, benannt nach der kastilischen Stadt, in der er hergestellt wird, ist ein weißer nicht pasteurisierter Käse aus Kuh- und/oder Schafsmilch. Er kann gut durch Cuajada-Käse aus Navarra oder auch durch Mascarpone ersetzt werden.

1 Den Käse in einer Schüssel glatt rühren. 1 Esslöffel Honig und 1½ Esslöffel Sherry-Essig zugeben und unterrühren.

2 Nach Belieben mit weiterem Honig nachsüßen oder noch etwas Essig zugeben.

3 Die Mischung auf 4 kleine Teller verteilen und bis zum Servieren abgedeckt kalt stellen. Mit Karottenstiften und gekühltem Sherry servieren.

Frittierter Manchego

FÜR 6–8 PERSONEN

200 g Manchego
3 EL Mehl
Salz und Pfeffer
1 Ei
1 TL Wasser
150 g frische Semmelbrösel
Maiskeimöl, zum Frittieren

1 Den Käse in 2 cm dicke Dreiecke oder in etwa 2 cm große Würfel schneiden. Das Mehl in einen Gefrierbeutel geben und mit Salz und Pfeffer würzen. Das Ei in einen tiefen Teller schlagen und mit dem Wasser verquirlen. Die Semmelbrösel auf einem großen Teller verteilen.

2 Die Käsestücke nacheinander gleichmäßig im Mehl wenden, in das Ei tauchen und rundum in den Semmelbröseln panieren. Auf einen großen Teller legen und bis zum Frittieren kalt stellen.

3 Kurz vor dem Servieren eine gusseiserne Pfanne oder Fritteuse 2,5 cm hoch mit Maiskeimöl füllen und das Öl auf 180–190 °C erhitzen, bis ein Brotwürfel darin in 30 Sekunden bräunt. Je etwa 4 bis 5 panierte Käsestücke in das Öl geben und 1–2 Minuten goldbraun frittieren, bis der Käse zu schmelzen beginnt, dabei einmal wenden. Unbedingt darauf achten, dass das Öl heiß genug ist und nicht zu viele Stücke auf einmal frittiert werden, da die Panade sonst zu langsam knusprig wird und der Käse ausläuft.

4 Den frittierten Käse mit einem Schaumlöffel aus der Pfanne heben und auf Küchenpapier gut abtropfen lassen. Heiß mit Holzspießen servieren.

Bohnensalat mit Blauschimmelkäse

FÜR 4 PERSONEN

175 g getrocknete kleine weiße Bohnen, mind. 4 Stunden oder über Nacht eingeweicht
1 Lorbeerblatt
4 EL Olivenöl
2 EL Sherry-Essig
2 TL flüssiger Honig
1 TL Dijon-Senf
Salz und Pfeffer
2 EL gehobelte Mandeln, geröstet
200 g Cabrales oder anderer Blauschimmelkäse, zerbröckelt

1 Die Bohnen abgießen und in einen großen Topf geben. Knapp mit Wasser bedecken, das Lorbeerblatt zufügen und aufkochen. Die Bohnen 1–1½ Stunden weich kochen. Abgießen, in eine Schüssel geben und kurz abkühlen lassen. Das Lorbeerblatt entfernen.

2 Olivenöl, Essig, Honig und Senf in einer Schüssel verquirlen. Mit Salz und Pfeffer würzen. Das Dressing über die Bohnen geben und kurz umrühren. Die Mandeln unterrühren. Auf Zimmertemperatur abkühlen lassen.

3 Den Salat auf 4 Schalen verteilen und vor dem Servieren mit dem Käse bestreuen.

Schafskäse mit Schalotten-Kräuter-Dressing

FÜR 6 PERSONEN

1 TL Sesamsaat
1/4 TL Kreuzkümmelsamen
4 Tomaten, entkernt und gewürfelt
5 EL Olivenöl
4 EL Zitronensaft
Salz und Pfeffer
2 TL frisch gehackter Thymian
1 EL frisch gehackte Minze
4 Schalotten, fein gehackt
500 g Idiazábal oder anderer Schafskäse, gewürfelt

1 Sesam und Kreuzkümmel in einer kleinen Pfanne ohne Fett unter häufigem Rütteln der Pfanne anrösten, bis sie aufplatzen. Vom Herd nehmen und abkühlen lassen.

2 Die Tomaten in eine Schüssel geben. Für das Dressing Olivenöl und Zitronensaft in einer zweiten Schüssel verquirlen. Mit Salz und Pfeffer würzen. Thymian, Minze und Schalotten zufügen und gut mischen.

3 Den Käse in eine dritte Schüssel geben. Die Hälfte des Dressings über die Tomaten geben und leicht umrühren. Mit Frischhaltefolie abgedeckt 1 Stunde kalt stellen. Das restliche Dressing über den Käse geben. Abgedeckt 1 Stunde kalt stellen.

4 Zum Servieren die Käsemischung auf 6 Teller verteilen und mit der Hälfte der angerösteten Samen bestreuen. Die Tomatenmischung darübergeben und mit den restlichen Samen bestreuen.

Manchego mit Quittengelee

FÜR 6 PERSONEN

350 g Manchego, in Scheiben

QUITTENGELEE

500 g Quitten

960 ml Wasser

Gelierzucker (Menge siehe Rezept)

1 Für das Gelee die ungeschälten Quitten grob hacken und in einen großen, schweren Topf füllen. Mit Wasser bedecken und zum Kochen bringen. Die Hitze reduzieren und 45 Minuten sanft köcheln lassen, bis die Quitten sehr weich sind.

2 Ein Sieb mit einem Tuch auslegen und auf eine saubere Schüssel stellen. Die Quitten mit Saft in das Tuch gießen und mindestens 8 Stunden abtropfen lassen. Nicht ausdrücken, damit der Saft klar bleibt.

3 Den Saft abmessen und in einen großen, schweren Topf füllen. Auf je 600 ml Saft 500 g Gelierzucker geben. Bei mittlerer Hitze unter Rühren zum Kochen bringen, bis der Zucker aufgelöst ist. Auf hoher Stufe erhitzen, bis die Mischung sprudelnd kocht und die Temperatur auf einem Zuckerthermometer 104 °C anzeigt. Alternativ einen Löffel des Saftes auf einen gekühlten Teller geben und ein paar Minuten an einen kühlen Ort stellen. Wenn sich eine Haut bildet, die sich bei Fingerdruck kräuselt, ist das Gelee fertig. Ansonsten wieder auf den Herd stellen und nach 1 Minute erneut testen.

4 Das Gelee in sterilisierte Schraubgläser füllen und gut verschließen. Abkühlen lassen, beschriften und an einem dunklen, kühlen Ort aufbewahren.

5 Zum Servieren die Manchego-Scheiben auf Teller verteilen und mit 2 gehäuften Esslöffeln Gelee anrichten.

Fisch & Meeresfrüchte

Fisch und Meeresfrüchte sind ein fester Bestandteil der spanischen Küche. Kein Wunder, da das Land sowohl vom Atlantik als auch vom Mittelmeer umspült wird und zahlreiche Inseln hat. Das folgende Kapitel zeigt die Vielfalt der regionalen Fischgerichte mit den an der Mittelmeerküste beliebten gegrillten Sardinen (S. 138), frischem Lachs in Mojo-Sauce (S. 130) von den Kanaren und Klippfisch, einer baskischen Spezialität. Auf der Beliebtheitsskala ganz oben stehen Garnelen in allen Variationen (S. 162–174) und natürlich Calamares (S. 152), die auch hier nicht fehlen dürfen.

Klippfisch-Spinat-Küchlein

ERGIBT 16 PORTIONEN

250 g Klippfisch (getrockneter, gesalzener Kabeljau) am Stück
2 Zitronenscheiben
2 frische Petersilienzweige
1 Lorbeerblatt
½ EL Olivenöl mit Knoblaucharoma
100 g junger Spinat
¼ TL spanisches Paprikapulver (nach Belieben)
Olivenöl, zum Frittieren
grobes Meersalz (nach Belieben)
1 Portion Aïoli (siehe S. 12), zum Servieren

TEIG

140 g Mehl
1 TL Backpulver
¼ TL Salz
1 großes Ei, leicht verquirlt
140 ml Milch

1 Den Fisch in eine Schüssel legen, mit Wasser bedecken und 48 Stunden einweichen. Dabei das Wasser 3-mal täglich wechseln.

2 Für den Teig Mehl, Backpulver und Salz in eine Schüssel sieben und eine Mulde hineindrücken. Das Ei mit 100 ml Milch verrühren, in die Mulde gießen und alles zu einem glatten Teig verrühren. Ist er zu dick, die restliche Milch einrühren. Mindestens 1 Stunde beiseitestellen.

3 Den Fisch in eine Pfanne geben. Zitronenscheiben, Petersilie und Lorbeerblatt zugeben, mit Wasser bedecken und aufkochen. Die Hitze reduzieren und 30–45 Minuten köcheln lassen, bis der Fisch weich ist.

4 Das Öl in einem kleinen Topf auf mittlerer Stufe erhitzen. Den Spinat hineingeben und 3–4 Minuten garen. In einem Sieb abtropfen lassen, überschüssiges Wasser herauspressen. Fein hacken und zusammen mit dem Paprikapulver in den Teig rühren. Den Fisch aus dem Wasser nehmen, Haut und kleine Gräten entfernen. Das Fleisch zerteilen und in den Teig rühren.

5 Das Öl 5 cm hoch in einer Pfanne auf 190°C erhitzen. Mit einem eingefetteten Esslöffel Teigklößchen hineingeben und 8–10 Minuten frittieren. Die Küchlein zum Abtropfen auf Küchenpapier legen und mit Meersalz bestreuen. Dazu Aïoli reichen.

Katalanischer Klippfischsalat

FÜR 4–6 PERSONEN

400 g Klippfisch (getrockneter, gesalzener Kabeljau) am Stück
6 Frühlingszwiebeln, diagonal in dünnen Ringen
6 EL natives Olivenöl extra
1 EL Sherry-Essig
1 EL Zitronensaft
frisch gemahlener Pfeffer
2 große rote Paprika, gegrillt, gehäutet und sehr fein gewürfelt
12 große schwarze Oliven, entsteint und in Scheiben
2 große, saftige Tomaten, in dünnen Scheiben
2 EL frische, sehr fein gehackte Petersilie, zum Garnieren

1 Den Fisch in eine Schüssel legen, mit kaltem Wasser bedecken und 48 Stunden einweichen, das Wasser dabei 3-mal täglich wechseln.

2 Den Fisch mit Küchenpapier trocken tupfen, Haut und Gräten entfernen. Das Fischfleisch in Streifen ziehen und in eine große Schüssel geben. Frühlingszwiebeln, Olivenöl, Essig und Zitronensaft zufügen und umrühren. Mit Pfeffer würzen und abgedeckt im Kühlschrank 3 Stunden marinieren.

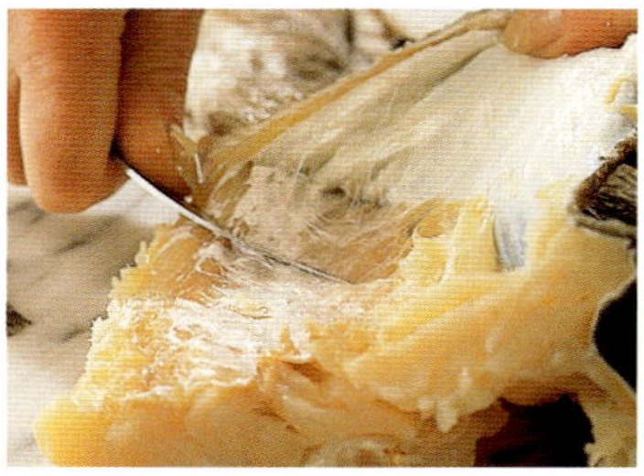

3 Paprika und Oliven unterheben. Abschmecken und dabei berücksichtigen, dass Fisch und Oliven recht salzig sein können. Die Tomatenscheiben auf einer großen Platte oder auf Tellern anrichten und den Salat daraufgeben. Mit Petersilie bestreut servieren.

Gebackene Klippfischstreifen

FÜR 6 PERSONEN

350 g Klippfisch
600 ml Milch
Mehl, zum Bestäuben
Pflanzenöl, zum Frittieren
grobes Meersalz
Zitronenspalten, zum Garnieren
Romesco-Sauce (siehe Seite 14), zum Servieren (nach Belieben)

1 Den Klippfisch 48 Stunden in kaltem Wasser einweichen, dabei das Wasser 3-mal täglich wechseln.

2 Die Milch in einem Topf zum Kochen bringen, vom Herd nehmen und vollständig abkühlen lassen.

3 Den Fisch abtropfen lassen, mit Küchenpapier trocken tupfen und in kurze Streifen schneiden. Dabei Haut und Gräten entfernen. Die Fischstücke in einer Schüssel mit der Milch übergießen. Abdecken und 1 Stunde an einem kühlen Ort oder im Kühlschrank einweichen.

4 Den Fisch abgießen und mit Küchenpapier trocken tupfen. Die Fischstücke im Mehl wenden und überschüssiges Mehl abschütteln. Das Öl in einem großen Topf oder einer Fritteuse auf 180–190 °C erhitzen, bis ein Brotwürfel darin in 30 Sekunden bräunt.

5 Den Fisch 2–4 Minuten goldbraun frittieren. Auf Küchenpapier abtropfen lassen und großzügig mit Meersalz bestreuen. Die fertigen Fischstücke auf angewärmte Teller verteilen, mit Zitronenspalten garnieren und nach Belieben mit Romesco-Sauce servieren.

Klippfisch & Avocado

FÜR 6 PERSONEN

350 g Klippfisch (getrockneter, gesalzener Kabeljau)
2 EL Olivenöl
1 Zwiebel, fein gehackt
1 Knoblauchzehe, fein gehackt
3 Avocados
1 EL Zitronensaft
1 Prise Chilipulver
1 EL trockener Sherry
4 EL Crème double
Salz und Pfeffer

1 Den Klippfisch 48 Stunden in kaltem Wasser einweichen, das Wasser dabei 3-mal täglich wechseln. Den Fisch gut abtropfen lassen, mit Küchenpapier trocken tupfen und in Stücke schneiden.

2 Den Backofen auf 180°C vorheizen. Das Olivenöl in einer Pfanne erhitzen. Zwiebel und Knoblauch darin auf kleiner Stufe unter gelegentlichem Rühren 5 Minuten glasig dünsten. Den Fisch zufügen und bei mittlerer Hitze unter häufigem Rühren 6–8 Minuten andünsten, bis er sich leicht zerteilen lässt. Vom Herd nehmen und abkühlen lassen. Haut und Gräten entfernen.

3 Unterdessen die Avocados längs halbieren. Mit einem Teelöffel das Fruchtfleisch auslösen, ohne die Schale zu beschädigen. Die Schalen beiseitelegen, das Fleisch mit Zitronensaft in einer Schüssel zerdrücken.

4 Die Fischmischung dazugeben. Chilipulver, Sherry und Crème double zufügen und alles gut mit einer Gabel vermengen. Mit Salz und Pfeffer würzen.

5 Die Masse in die Avocadoschalen füllen und auf ein Backblech setzen. Im vorgeheizten Ofen 10–15 Minuten zartbraun backen. Anrichten und servieren.

Kabeljau-Kapern-Kroketten

ERGIBT 12 STÜCK

350 g Kabeljau-, Schellfisch- oder Seeteufelfilet
300 ml Milch
Salz und Pfeffer
4 EL Olivenöl oder 50 g Butter
40 g Mehl
4 EL Kapern, grob gehackt
1 TL Paprikapulver
1 Knoblauchzehe, zerdrückt
1 TL Zitronensaft
3 EL frisch gehackte glatte Petersilie, plus Petersilienzweige, zum Garnieren
1 Ei, verquirlt
100 g frische Semmelbrösel
1 EL Sesamsaat
Maiskeimöl, zum Frittieren
Zitronenspalten, zum Garnieren
Mayonnaise, zum Servieren

1 Das Fischfilet in eine Pfanne geben. Die Milch zugießen und mit Salz und Pfeffer würzen. Aufkochen, die Hitze reduzieren und abgedeckt 10 Minuten gar köcheln lassen. Das Filet aus der Pfanne heben. Die Milch in einen Krug füllen und beiseitestellen. Das Filet in kleine Stücke zupfen, eventuelle Gräten entfernen.

2 Das Olivenöl erhitzen. Das Mehl einrühren und unter Rühren kurz anschwitzen. Vom Herd nehmen und nach und nach die Milch einrühren. Wieder auf den Herd stellen und unter Rühren aufkochen und andicken.

3 Vom Herd nehmen, den Fisch zugeben und zu einer glatten Masse verrühren. Kapern, Paprikapulver, Knoblauch, Zitronensaft und Petersilie unterheben. Mit Salz und Pfeffer würzen. Die Masse in eine Auflaufform streichen und abkühlen lassen. Abgedeckt mindestens 2–3 Stunden kalt stellen.

4 Das Ei auf einen Teller geben. Semmelbrösel und Sesam auf einem zweiten Teller mischen. Die Fischmasse in 12 Portionen teilen und zu etwa 7,5 cm langen Rollen formen. Die Kroketten einzeln in das Ei tauchen und in der Bröselmischung panieren. Auf einen Teller legen und 1 Stunde kalt stellen.

5 Maisöl in einer Fritteuse auf 180–190 °C erhitzen. Die Kroketten portionsweise im heißen Öl 3 Minuten knusprig und goldbraun frittieren. Auf Küchenpapier abtropfen lassen. Heiß mit Zitronenspalten und Petersilie garniert servieren. Mayonnaise dazu reichen.

Lachs in Mojo-Sauce

FÜR 8 PERSONEN
4 frische Lachsfilets (insgesamt 750 g)
Salz und Pfeffer
3 EL Olivenöl
1 frischer Zweig glatte Petersilie, zum Garnieren

MOJO-SAUCE
2 Knoblauchzehen
2 TL Paprikapulver
1 TL gemahlener Kreuzkümmel
5 EL natives Olivenöl extra
2 EL Weißweinessig
Salz

1 Für die Sauce Knoblauch, Paprikapulver und Kreuzkümmel im Mixer 1 Minute sehr fein hacken und gut mischen. Bei laufendem Gerät 1 Esslöffel Olivenöl tropfenweise zugeben, danach das Gerät ausschalten und die Masse durchrühren. Wieder bei laufendem Gerät das restliche Öl in einem dünnen, gleichmäßigen Strahl zugießen und zu einer sämigen Sauce verarbeiten. Den Essig zugeben und 1 Minute verrühren. Die Sauce mit Salz abschmecken.

2 Die Lachsfilets jeweils quer halbieren und längs in 2 cm dicke Stücke schneiden, restliche Gräten entfernen. Die Fischstücke mit Salz und Pfeffer würzen.

3 Das Olivenöl in einer gusseisernen Pfanne erhitzen. Die Fischstücke darin je nach Dicke 10 Minuten bräunen, dabei einmal wenden.

4 Auf einer vorgewärmten Platte anrichten, mit etwas Mojo-Sauce beträufeln und mit Petersilie garniert heiß servieren. Dazu die restliche Sauce reichen.

Seeteufel-Rosmarin-Spieße

FÜR 12 PERSONEN

350 g Seeteufelschwanz oder 250 g Seeteufelfilet
12 frische Rosmarinzweige
3 EL Olivenöl
Saft von ½ kleinen Zitrone
1 Knoblauchzehe, zerdrückt
Salz und Pfeffer
6 dicke Scheiben Schinkenspeck
Zitronenspalten, zum Garnieren
Aïoli (siehe Seite 12), zum Servieren

1 Bei Verwendung von Seeteufelschwanz diesen mit einem scharfen Messer entlang der Mittelgräte aufschneiden und 2 Filets auslösen. Die Filets häuten, längs halbieren und in insgesamt 24 mundgerechte Stücke schneiden. In eine große Schüssel geben.

2 Für die Rosmarinspieße die Blätter bis auf einige an der Spitze von den Zweigen abzupfen. Die Blätter fein hacken und in einer Schüssel mit Olivenöl, Zitronensaft und Knoblauch verrühren und mit Salz und Pfeffer würzen. Über den Fisch geben und vorsichtig unterheben. Abgedeckt 1–2 Stunden im Kühlschrank marinieren.

3 Die Speckscheiben jeweils längs und quer halbieren und die 24 Streifen aufrollen. Je 2 Stücke Seeteufel und 2 Speckröllchen abwechselnd auf die Rosmarinspieße stecken.

4 Backofengrill, Gartengrill oder Grillpfanne erhitzen. Darauf achten, dass die Zweigenden mit den Blättern nicht unter der Heizspirale liegen, da sie Feuer fangen könnten. Die Fisch-Speck-Spieße unter gelegentlichem Wenden und Bestreichen mit der restlichen Marinade 10 Minuten gar braten. Heiß mit Zitronenspalten zum Beträufeln servieren. Dazu Aïoli reichen.

Frittierter eingelegter Seeteufel

Für 4–6 Personen

600 g Seeteufel
600–900 ml natives Olivenöl extra
6 Schalotten, in dünnen Ringen
2 Karotten, gewürfelt
1 Fenchelknolle, halbiert und in Scheiben
2 Lorbeerblätter
2 Knoblauchzehen, gehackt
½ TL Chiliflocken, oder nach Geschmack
300 ml Weißweinessig
Salz und Pfeffer
1½ EL Koriandersamen
Zitronenspalten, zum Servieren

Teig

150 g Mehl, plus 4 EL mehr, zum Bestäuben
½ TL Salz
1 Ei, getrennt
200 ml Bier
1 EL Olivenöl

1 Die Haut des Seeteufels abziehen, den Schwanz abspülen und trocken tupfen. Den Schwanz längs zu beiden Seiten der Mittelgräte einschneiden und die Mittelgräte entfernen. Das Fleisch quer in 1 cm dicke Scheiben schneiden.

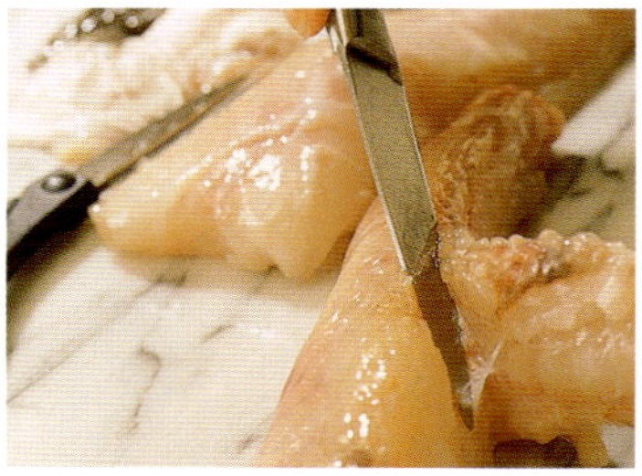

2 4 Esslöffel Öl in einer großen Pfanne auf mittlerer Stufe erhitzen. So viele Fischscheiben wie möglich hineingeben und 2 Minuten braten. Wenden und weitere 4 Minuten braten, bis die Scheiben gar sind und sich leicht zerteilen lassen. Auf Küchenpapier abtropfen lassen. In einer nicht metallischen Schüssel beiseitestellen.

3 In der Pfanne 250 ml Öl erhitzen. Schalotten zugeben und 3 Minuten dünsten. Karotten, Fenchel, Lorbeer, Knoblauch, Chilipulver, Essig, Salz und Pfeffer zugeben und verrühren. Aufkochen, Hitze reduzieren und 8 Minuten köcheln lassen. Koriandersamen einrühren und weitere 2 Minuten köcheln lassen.

4 Den Seeteufel mit der Mischung übergießen und abkühlen lassen. Abgedeckt für mindestens 24 Stunden, maximal 5 Tage in den Kühlschrank stellen.

5 Den Teig 30 Minuten vor dem Braten zubereiten. Mehl und Salz in eine große Schüssel sieben und eine Mulde in die Mitte drücken. Eigelb und 100 ml Bier zugeben und das Mehl nach und nach mit der Flüssigkeit verquirlen. Das Öl und so viel vom restlichen Bier unterrühren, bis der Teig dickflüssig und glatt ist. Abdecken und 30 Minuten stehen lassen.

6 Die Fischstücke aus der Marinade heben und mit Küchenpapier trocken tupfen. Beiseitestellen. Öl zum Frittieren in einem großen, gusseisernen Topf erhitzen, bis ein Brotwürfel darin in 30 Sekunden bräunt. Das Eiweiß steif schlagen. Den Teig umrühren und das Eiweiß unterheben.

7 Das restliche Mehl auf einen Teller sieben und mit Salz und Pfeffer würzen. Die Fischstücke darin wenden, überschüssiges Mehl entfernen. Die Seeteufelstücke in den Teig tauchen, in das Öl geben und 3–4 Minuten goldbraun frittieren. Gegebenenfalls portionsweise arbeiten. Herausheben und auf Küchenpapier gut abtropfen lassen. So fortfahren, bis der gesamte Fisch frittiert ist, zwischen den einzelnen Portionen das Öl wieder erhitzen.

8 Den Fisch heiß mit Zitronenspalten servieren.

Katalanische Seezunge

FÜR 4 PERSONEN

4 Artischocken
Salz und Pfeffer
2 Seezungen, filetiert
Saft von ½ Zitrone
250 ml trockener Weißwein
50 g Butter
2 EL Mehl
250 ml Milch
etwas frisch geriebene Muskatnuss
1 Lorbeerblatt
150 g Champignons, in Scheiben

1 Die Stiele und Blattspitzen der Artischocken abschneiden, Außenblätter entfernen. Artischocken in einen Topf geben, knapp mit Wasser bedecken und 1 Prise Salz zufügen. Aufkochen, die Hitze reduzieren und 30 Minuten garen.

2 Die Fischfilets halbieren, salzen, pfeffern und mit Zitronensaft beträufeln. Aufrollen und mit Zahnstochern zusammenstecken. In einen flachen Topf geben, Wein zugießen und bei schwacher Hitze 15 Minuten unter gelegentlichem Begießen mit dem Weinsud pochieren.

3 Die Hälfte der Butter in einem zweiten Topf zerlassen. Das Mehl darin unter Rühren 2 Minuten goldgelb anschwitzen. Vom Herd nehmen und langsam die Milch einrühren. Zurück auf den Herd stellen und unter ständigem Rühren aufkochen und andicken. Auf sehr kleine Stufe herunterschalten. Mit Salz, Pfeffer und Muskat würzen, das Lorbeerblatt zugeben.

4 Die restliche Butter in einer Pfanne zerlassen. Die Champignons darin bei mittlerer Hitze unter gelegentlichem Rühren 3 Minuten andünsten.

5 Artischocken aus dem Topf heben und abtropfen lassen. Heu und Innenblätter entfernen und die Artischocken auf Teller setzen. Die Champignons in die Artischocken füllen und die Sauce darübergeben, vorher das Lorbeerblatt entfernen. Die Fischröllchen aus dem Sud heben und die Zahnstocher entfernen. Röllchen in die Artischocken geben und servieren.

Gegrillte Sardinen

FÜR 4–6 PERSONEN

2 EL Olivenöl mit Knoblaucharoma
12 frische, küchenfertige Sardinen
grobes Meersalz und Pfeffer
Zitronenspalten, zum Servieren

1 Den Backofengrill vorheizen und das Grillblech mit etwas Öl bestreichen. Die Sardinen mit dem Öl bestreichen und in nur einer Schicht auf dem Grillblech verteilen. Mit Salz und Pfeffer würzen.

2 Die Sardinen etwa 3 Minuten in 10 cm Abstand von der Hitzequelle grillen, bis die Haut knusprig wird. Mit einer Zange wenden, erneut mit Öl bestreichen und mit Salz und Pfeffer bestreuen. Weitere 2–3 Minuten grillen, bis sich das Fleisch leicht zerteilen lässt und die Haut knusprig ist. Sofort mit Zitronenspalten servieren.

Frittierte Sardinen

FÜR 6–8 PERSONEN

120 ml Rotweinessig
3 Knoblauchzehen, fein gehackt
1 frische rote Chili, entkernt und fein gehackt
2 EL frisch gehackte Petersilie
1 kg frische, küchenfertige Sardinen
100 g Mehl
Salz und Pfeffer
Pflanzenöl, zum Frittieren
Zitronenspalten, zum Garnieren

1 Essig, Knoblauch, Chili und Petersilie in einer nicht metallischen Schüssel mischen. Die Sardinen gut darin wenden. Mit Frischhaltefolie abdecken und 1 Stunde im Kühlschrank marinieren.

2 Die Sardinen abtropfen lassen und mit Küchenpapier trocken tupfen. Das Mehl in einen Frischhaltebeutel füllen und mit Salz und Pfeffer würzen. Die Sardinen durch Schütteln des Beutels gut darin wenden.

3 Das Öl in einem tiefen Topf oder einer Fritteuse auf 180–190 °C erhitzen, bis ein Brotwürfel darin in 30 Sekunden bräunt. Die Sardinen darin portionsweise 4–5 Minuten goldbraun frittieren. Aus dem Öl heben und auf Küchenpapier abtropfen lassen. Fertig frittierte Sardinen warm stellen. Mit Zitronenspalten garniert servieren.

Marinierte Sardinen in Sherry-Essig

FÜR 6 PERSONEN

12 frische, kleine Sardinen
175 ml Olivenöl
4 EL Sherry-Essig
2 Karotten, in Stiften
1 Zwiebel, in dünnen Ringen
1 Knoblauchzehe, zerdrückt
1 Lorbeerblatt
Salz und Pfeffer
4 EL frisch gehackte glatte Petersilie
frische Dillzweige, zum Garnieren
Zitronenspalten, zum Servieren

1 Die Sardinen vorsichtig mit einem Messer schuppen, ohne die Haut zu beschädigen. Nach Belieben entweder Kopf und Schwanz abschneiden oder die Fische ganz lassen. Am Bauch entlang aufschneiden und unter fließend kaltem Wasser die Innereien entfernen. Die Fische mit Küchenpapier gut trocken tupfen.

2 4 Esslöffel Olivenöl in einer gusseisernen Pfanne erhitzen. Die Sardinen darin 10 Minuten beidseitig anbraten. Mit einem Pfannenwender sehr vorsichtig herausheben und nebeneinander in eine große, flache Schale legen.

3 Den Sherry-Essig und das restliche Olivenöl in einem großen Topf erhitzen. Karotten, Zwiebel, Knoblauch und Lorbeer zufügen und 5 Minuten köcheln lassen. Mit Salz und Pfeffer würzen. Die Mischung leicht abkühlen lassen und über die Sardinen geben.

4 Abgedeckt abkühlen lassen und im Kühlschrank 8 Stunden oder über Nacht marinieren, dabei gelegentlich mit der Marinade begießen. Vor dem Servieren die Sardinen wieder zimmerwarm werden lassen. Mit Petersilie bestreuen, mit Dillzweigen garnieren und mit Zitronenspalten servieren.

Sardinen mit Romesco-Sauce

FÜR 6 PERSONEN

24 frische, küchenfertige Sardinen
100 g Mehl
4 Eier, leicht verquirlt
250 g frische Semmelbrösel
6 EL frisch gehackte Petersilie
4 EL frisch gehackter Majoran
Pflanzenöl, zum Frittieren

ROMESCO-SAUCE

1 rote Paprika, halbiert
2 Tomaten, halbiert
4 Knoblauchzehen
125 ml Olivenöl
1 Scheibe Weißbrot, gewürfelt
4 EL abgezogene Mandeln
2 Schalotten, gehackt
1 frische rote Chili, gehackt
1 TL Paprikapulver
2 EL Rotweinessig
2 TL Zucker
1 EL Wasser

1 Für die Sauce den Backofen auf 220°C vorheizen. Paprika, Tomaten und Knoblauch in eine Auflaufform legen und rundum mit 1 Esslöffel Olivenöl beträufeln. 20–25 Minuten rösten. Das Gemüse abkühlen lassen und häuten bzw. schälen. Das Fruchtfleisch in einen Mixer geben.

2 1 Esslöffel Olivenöl in einer Pfanne erhitzen. Brotwürfel und Mandeln darin bei schwacher Hitze einige Minuten goldbraun rösten. Aus der Pfanne nehmen und abtropfen lassen. Schalotten, Chili und Paprika 5 Minuten in der Pfanne glasig dünsten.

3 Mandel- und Schalottenmischung in den Mixer geben. Essig, Zucker und Wasser zufügen. Zu einer Paste verarbeiten. Bei laufendem Gerät langsam das restliche Olivenöl zugießen. In eine Schüssel geben und abgedeckt beiseitestellen.

4 Die Sardinen mit der Haut nach oben auf ein Brett legen und mit den Daumen am Rückgrat entlangstreichen. Umdrehen und die Gräten entfernen. Mehl und Eier in getrennte Schüsseln geben. Semmelbrösel und Kräuter in einer dritten Schüssel mischen. Die Sardinen im Mehl wenden, in die Eimischung tauchen und mit den Semmelbröseln panieren.

5 Pflanzenöl in einem Topf auf 180–190 °C erhitzen. Die Sardinen darin 4–5 Minuten goldbraun frittieren. Abtropfen lassen und servieren.

Chili-Zitronen-Sardinen

FÜR 4 PERSONEN

500 g frische Sardinen, geschuppt und ausgenommen
4 EL Zitronensaft
1 Knoblauchzehe, fein gehackt
1 EL frisch gehackter Dill
1 TL frisch gehackte rote Chili
Salz und Pfeffer
4 EL Olivenöl

TIPP: Die Sardinen können auch in mundgerechte Stücke geschnitten, auf Zahnstocher aufgespießt und mit anderen kalten Tapas serviert werden.

1 Die Sardinen mit der Haut nach oben auf ein Brett legen und mit den Daumen am Rückgrat entlangstreichen. Die Fische umdrehen und die Gräten entfernen.

2 Die Filets mit der Haut nach unten in eine flache Schüssel legen und mit Zitronensaft beträufeln. Abgedeckt 30 Minuten in den Kühlschrank stellen.

3 Überschüssigen Zitronensaft abgießen. Knoblauch, Dill und Chili über die Sardinen streuen. Mit Salz und Pfeffer würzen und mit Olivenöl beträufeln. Vor dem Servieren mit Frischhaltefolie abgedeckt 12 Stunden kalt stellen.

Sardinenescabeche

FÜR 6 PERSONEN

180 ml Olivenöl
1 kg frische, küchenfertige Sardinen
3 EL Rotweinessig
½ EL Wasser
4 Knoblauchzehen, geschält
1 Lorbeerblatt
2 TL frische Thymianzweige
2 frische Rosmarinzweige
4 EL frisch gehackte Petersilie
2 frische rote Chillies, entkernt und fein gehackt
Salz und Pfeffer

1 6 Esslöffel Olivenöl in einer schweren Pfanne erhitzen und die Sardinen darin bei Bedarf in mehreren Portionen 4–5 Minuten auf beiden Seiten braten. Aus der Pfanne heben, gut abtropfen lassen und in eine flache, nicht metallische Form geben. Abgedeckt bis zur Verwendung beiseitestellen.

2 Das verbliebene Olivenöl sanft in der Pfanne erhitzen und Essig, Wasser, Knoblauch, Lorbeerblatt, Thymian, Rosmarin, Petersilie, Chillies sowie Salz und Pfeffer nach Geschmack zufügen. Aufkochen und bei reduzierter Hitze 15 Minuten köcheln lassen.

3 Die Pfanne vom Herd nehmen und alles vollständig abkühlen lassen. Die Mischung über den Fisch gießen und vor dem Servieren abgedeckt mindestens 24 Stunden im Kühlschrank marinieren.

Sauer eingelegte Makrele

FÜR 4–6 PERSONEN

8 frische Makrelenfilets mit Haut
300 ml natives Olivenöl extra
2 rote Zwiebeln, in Spalten
2 Karotten, in Scheiben
2 Lorbeerblätter
2 Knoblauchzehen, in dünnen Scheiben
2 getrocknete rote Chillies
1 Fenchelknolle, halbiert und in dünnen Streifen
300 ml Sherry-Essig
1½ EL Koriandersamen
Salz und Pfeffer
aufgebackene Baguettescheiben, zum Servieren

1 Den Backofengrill vorheizen. Die Makrelenfilets mit der Haut nach oben auf ein Grillblech setzen und mit Öl bestreichen. Auf der oberen Schiene unter dem Grill 4–6 Minuten braten, bis die Haut braun und knusprig wird und das Fleisch sich leicht in Stücke zupfen lässt. Beiseitestellen.

2 Das restliche Öl in einer großen Pfanne erhitzen. Die Zwiebeln darin 5 Minuten glasig dünsten. Die restlichen Zutaten zugeben und 10 Minuten köcheln lassen.

3 Die Makrelenfilets in grobe Stücke zupfen, dabei Haut und Gräten entfernen. Die Fischstücke in ein Schraubglas schichten und das Gemüse mit Garsud darübergeben (die Glasgröße so auswählen, dass Fisch, Gemüse und Sud gerade hineinpassen und oben möglichst wenig Luft bleibt). Vollständig abkühlen lassen, fest verschließen und mindestens 24 Stunden oder bis zu 5 Tage kalt stellen. Die Makrelenstücke auf aufgewärmten Baguettescheiben mit etwas Garsud beträufelt servieren.

Angulas

FÜR 4 PERSONEN

180 ml Olivenöl
4 Knoblauchzehen, gehackt
1 frische rote Chili, entkernt und in 4 Stücken
550 g Baby-Aal, küchenfertige Stinte oder Sprotten

1 Das Öl in 4 kleinen Tonschalen erhitzen und Knoblauch und Chili zugeben.

2 Die Aale darin ein paar Sekunden unter Rühren anbraten. Stinte oder Sprotten müssen weitere 2 Minuten gebraten werden.

3 Sofort sehr heiß servieren.

Thunfisch-Paprika-Röllchen

ERGIBT 9 RÖLLCHEN

3 rote Paprika
125 ml Olivenöl
2 EL Zitronensaft
5 EL Rotweinessig
2 Knoblauchzehen, fein gehackt
1 TL Paprikapulver
1 TL Chiliflocken
2 TL Zucker
2 EL Salzkapern
200 g Thunfisch in Öl, abgetropft

1 Den Backofengrill vorheizen. Die Paprika auf ein Backblech setzen und auf der oberen Schiene unter dem Grill unter häufigem Wenden 10 Minuten rösten, bis die Haut rundherum schwarz ist und Blasen wirft. Mit einer Zange in einen Gefrier-

beutel geben, den Beutel verschließen und die Paprika abkühlen lassen, damit sich die Haut später besser lösen lässt.

2 Olivenöl, Zitronensaft, Essig, Knoblauch, Paprikapulver, Chiliflocken und Zucker in einer kleinen Schüssel verquirlen.

3 Die lauwarme Paprika häuten und das Fleisch längs dritteln. Die Paprikastreifen in eine Schüssel legen und das Dressing darübergeben. 30 Minuten an einem kühlen Ort ziehen lassen.

4 Das Salz von den Kapern abreiben. Kapern und Thunfisch mischen. Die Paprikastreifen

abtropfen lassen (das Dressing aufbewahren) und die Thunfischmischung darauf verteilen. Die Paprika aufrollen und mit Holzspießen zusammenstecken. Die Thunfischröllchen auf einer Platte anrichten, das Dressing darübergeben und zimmerwarm servieren.

Thunfisch-Kartoffel-Salat mit Ei

FÜR 4 PERSONEN

- 350 g junge Kartoffeln, ungeschält
- 1 hart gekochtes Ei, abgekühlt
- 3 EL Olivenöl
- 1½ EL Weißweinessig
- Salz und Pfeffer
- 125 g Thunfisch in Öl, abgetropft
- 2 Schalotten, fein gehackt
- 1 Tomate, geschält und gewürfelt
- 2 EL frisch gehackte Petersilie

1 Die Kartoffeln in einem Topf mit leicht gesalzenem Wasser 10 Minuten kochen, vom Herd nehmen und abgedeckt 15–20 Minuten ziehen lassen.

2 Das Ei in Scheiben schneiden und die Scheiben halbieren. Olivenöl und Essig in einer Schüssel verquirlen und mit Salz und Pfeffer würzen. Den Boden einer Schale mit etwas Vinaigrette bedecken.

3 Die Kartoffeln abgießen, pellen und in dünne Scheiben schneiden. Die Hälfte auf dem Boden der Schale verteilen und salzen. Je die Hälfte von Thunfisch, Eierscheiben und Schalotten darübergeben. Mit der Hälfte des restlichen Dressings beträufeln. Den Rest Kartoffeln, Thunfisch, Ei und Schalotten nacheinander daraufschichten und das restliche Dressing darübergeben.

4 Den Salat mit Tomate und Petersilie bestreuen. Vor dem Servieren mit Frischhaltefolie abgedeckt 1–2 Stunden kalt stellen.

Thunfisch mit gefüllten Oliven

FÜR 6 PERSONEN

2 frische Thunfischsteaks (à 250 g, 2,5 cm dick)
3 EL Rotweinessig
5 EL Olivenöl
4 frische Thymianzweige, plus etwas mehr, zum Garnieren
1 Lorbeerblatt
Salz und Pfeffer
2 EL Mehl
1 Zwiebel, fein gehackt
2 Knoblauchzehen, fein gehackt
75 g grüne Oliven mit Paprikafüllung, in Scheiben
Baguette, zum Servieren

1 Am Vortag die Thunfischsteaks marinieren. Dafür die Steaks entlang der Faser halbieren. Jede Hälfte quer zur Faser in 1 cm dicke Scheiben schneiden.

2 Essig und 3 Esslöffel Olivenöl in eine flache Schüssel geben. Thymianblätter von den Zweigen abzupfen und mit dem Lorbeerblatt sowie Salz und Pfeffer in die Schüssel geben. Den vorbereiteten Thunfisch zufügen und abgedeckt über Nacht im Kühlschrank marinieren.

3 Am nächsten Tag Mehl in einen Gefrierbeutel geben. Den Thunfisch aus der Marinade nehmen (die Marinade aufbewahren), in den Beutel geben und durch Schütteln gleichmäßig mit Mehl bestäuben.

4 Das restliche Olivenöl in einer gusseisernen Pfanne erhitzen. Zwiebel und Knoblauch darin 5–10 Minuten leicht anbräunen. Den Thunfisch in die Pfanne geben und unter mehrmaligem Wenden 2–5 Minuten braten, bis er seine Farbe verändert. Oliven und die aufbewahrte Marinade zufügen und 1–2 Minuten unter Rühren köcheln lassen, bis der Fisch gar und die Sauce angedickt ist.

5 Sehr heiß mit frischen Thymianzweigen garniert servieren. Dazu Baguette reichen.

Würzige frittierte Sprotten

FÜR 4 PERSONEN

120 g Mehl
½ TL Cayennepfeffer
½ TL gemahlener Kreuzkümmel
1 TL edelsüßes Paprikapulver
1 Prise Salz
1,25 kg Sprotten
Pflanzenöl, zum Frittieren
Zitronenscheiben, zum Garnieren

1 Mehl, Cayennepfeffer, Kreuzkümmel, Paprika und Salz in einer großen Schüssel oder auf einer großen Platte mischen.

2 Die Fische waschen, mit Küchenpapier trocken tupfen und portionsweise gut im Würzmehl wenden.

3 Das Öl in einem großen Topf oder einer Fritteuse auf 180–190 °C erhitzen, bis ein Brotwürfel darin in 30 Sekunden bräunt. Die Sprotten darin in mehreren Portionen 2–3 Minuten goldbraun frittieren.

4 Gut auf Küchenpapier abtropfen lassen und warm stellen, während die verbliebenen Sprotten frittiert werden. Auf angewärmte Teller verteilen und mit Zitronenscheiben garniert servieren.

Calamares

FÜR 6 PERSONEN

500 g küchenfertiger Tintenfisch
Mehl, zum Bestäuben
Sonnenblumenöl, zum Frittieren
Salz
Zitronenspalten, zum Garnieren
Aïoli (siehe Seite 12), zum Servieren

1 Den Tintenfisch in 1 cm breite Ringe schneiden, große Tentakeln halbieren. Alles abspülen und mit Küchenpapier gut trocknen, damit es beim Frittieren nicht spritzt. Den Tintenfisch gleichmäßig mit Mehl bestäuben. Das Mehl nicht würzen. Salzt man rohen Tintenfisch vor dem Garen, wird er hart.

2 Das Öl in einer Fritteuse auf 180–190 °C erhitzen, bis ein Brotwürfel darin in 30 Sekunden bräunt. Die Tintenfischstücke vorsichtig zugeben, nicht zu viele auf einmal, damit die Temperatur des Öls nicht sinkt. Den Tintenfisch 2–3 Minuten goldbraun und knusprig frittieren, dabei mehrmals wenden. Nicht zu lange ausbacken, da er sonst zäh wird.

3 Den frittierten Tintenfisch mit einem Schaumlöffel herausheben und auf Küchenpapier abtropfen lassen. Im Ofen warm halten, während die restlichen Stücke frittiert werden.

4 Den Tintenfisch mit Salz bestreuen und sehr heiß mit Zitronenspalten servieren. Dazu Aïoli reichen.

Salat mit Tintenfischringen & Tomaten

FÜR 6 PERSONEN
500 g küchenfertige Kalmarmäntel
120 ml Olivenöl
2 EL Zitronensaft
1 Knoblauchzehe, fein gehackt
2 EL frisch gehackte Petersilie
1 EL frisch gehackter Majoran
1 Prise Cayennepfeffer
1 Zucchini
1 Bund Rucola
350 g Kirschtomaten

1 Die Kalmarmäntel in 1 cm breite Ringe schneiden. 2 Esslöffel Olivenöl in einer großen, schweren Pfanne erhitzen. Die Tintenfischringe darin auf hoher Stufe unter ständigem Rühren 3 Minuten braten, bis sie weiß geworden sind und sich beim Anstechen mit einer scharfen Messerspitze weich anfühlen. Mit einem Schöpflöffel herausheben und in eine nicht metallische Schüssel geben.

2 Das restliche Öl mit Zitronensaft, Knoblauch, Petersilie, Majoran und Cayennepfeffer verquirlen und über den Tintenfisch gießen. Gut unterheben, mit Frischhaltefolie abdecken, abkühlen lassen und bis zu 8 Stunden im Kühlschrank marinieren.

3 Die Zucchini mit einem Sparschäler längs in dünne Streifen schneiden. Zucchinistreifen, Rucola und Tomaten in eine Salatschüssel geben. Den Tintenfisch mit Dressing zufügen, alles gut vermengen und servieren.

Gefüllte Kalmare in eigener Tinte

FÜR 6–8 PERSONEN

60 küchenfertige Baby-Kalmare oder 30 küchenfertige, mittelgroße Kalmare, mit Tintenbeutel
120 ml Olivenöl
120 ml Weißwein
4 Gemüsezwiebeln, gehackt
1 Knoblauchknolle, in Zehen
2 grüne Paprika, gehackt
2 Tomaten, in dünnen Scheiben
120 ml Rotwein
120 ml Wasser
Salz und Pfeffer
Schnittlauch, in langen Stücken, zum Garnieren

1 Die Kalmarmäntel abspülen und die Haut abreiben. Die Tentakel hacken und in die Mäntel füllen.

2 4 Esslöffel Olivenöl in einer großen, schweren Pfanne erhitzen. In die Pfanne geben, abdecken und bei Bedarf portionsweise bei geringer Hitze unter gelegentlichem Wenden 5 Minuten rundum goldbraun

braten. Gut abtropfen lassen und beiseitestellen. Bei Bedarf mehr Öl zugeben.

3 Die Tintenbeutel in einer Küchenmaschine oder in einem Mixer mit Weißwein fein pürieren und beiseitestellen.

4 4 Esslöffel Olivenöl in einer zweiten Pfanne erhitzen. Zwiebeln und Knoblauch darin bei geringer Hitze 5 Minuten unter gelegentlichem Rühren andünsten. Knoblauch und grüne Paprika zufügen, abdecken und 15–20 Minuten weich dünsten, aber nicht anbräunen. Die Tomaten zufügen und die Tintenmischung einrühren. Alle Zutaten aus der Pfanne in eine Küchenmaschine oder einen Mixer geben.

5 Die Kalmare in die Pfanne geben, gut im Bratensatz wenden und in einen Schmortopf füllen. Rotwein und Wasser in die Pfanne gießen und bei geringer Hitze köcheln lassen, dabei die Bratensatzreste mit einem Pfannenwender lösen. Diese Flüssigkeit mit in die Küchenmaschine oder den Mixer geben und alles fein pürieren. Die Sauce durch ein Sieb passieren, mit Salz und Pfeffer abschmecken und über die Kalmare gießen.

6 Den Schmortopf abdecken und alles bei geringer Hitze 1 Stunde köcheln lassen. Mit Schnittlauch bestreuen und sofort servieren oder beiseitestellen und zu einem späteren Zeitpunkt sanft erhitzen und servieren.

Tintenfisch-Bohnen-Salat

FÜR 6 PERSONEN

500 g küchenfertiger Tintenfisch
3 Knoblauchzehen, gehackt
300 ml trockener Rotwein
Salz und Pfeffer
500 g junge Kartoffeln, ungeschält
250 g grüne Bohnen, in kurzen Stücken
4 EL Olivenöl
1 EL Rotweinessig

1 Den Backofen auf 180 °C vorheizen. Die Tintenfische in 1 cm breite Ringe schneiden und in eine Auflaufform legen. Mit der Hälfte des Knoblauchs bestreuen. Rotwein darübergießen. Mit Alufolie abgedeckt im Ofen 45–50 Minuten backen, bis sich der Tintenfisch mit einer Messerspitze einstechen lässt. Mit Salz und Pfeffer würzen.

2 Unterdessen die Kartoffeln in einem Topf mit leicht gesalzenem Wasser 15–20 Minuten weich kochen. Abgießen und leicht abkühlen lassen. In dicke Scheiben schneiden und in eine große Schüssel geben.

3 Die Bohnen in einem zweiten Topf mit leicht gesalzenem Wasser 10 Minuten weich kochen. Abgießen und zu den Kartoffeln geben. Den Tintenfisch abgießen und ebenfalls zufügen.

4 Olivenöl, Essig und den restlichen Knoblauch in einer Schüssel verquirlen. Mit Salz und Pfeffer würzen. Das Dressing über den Salat geben und unterheben. Den Salat auf 6 Teller verteilen und warm servieren.

Krebsfleisch mit Mandeln

FÜR 4 PERSONEN
500 g Krebsfleisch
100 g Butter
75 g gehobelte Mandeln
Salz und Pfeffer
125 g Crème double
1 EL frisch gehackte Petersilie

1 Das Krebsfleisch verlesen, um Knorpel oder Schalenreste zu entfernen. Die Hälfte der Butter in einer Pfanne zerlassen. Das Krebsfleisch darin bei mittlerer Hitze unter gelegentlichem Rühren 10 Minuten anbraten. Vom Herd nehmen und beiseitestellen.

2 Die restliche Butter in einer zweiten Pfanne zerlassen. Die Mandeln darin bei schwacher Hitze unter gelegentlichem Rühren 5 Minuten goldbraun rösten.

3 Die Mandeln unter das Krebsfleisch mischen. Mit Salz und Pfeffer würzen. Crème double und Petersilie unterrühren und aufkochen. Die Hitze reduzieren und alles 3 Minuten köcheln lassen. In eine vorgewärmte Schale füllen und sofort servieren.

Krebstörtchen

ERGIBT 12 STÜCK

1 EL Olivenöl
1 kleine Zwiebel, fein gehackt
1 Knoblauchzehe, fein gehackt
1 Schuss trockener Weißwein
2 Eier
150 ml Milch oder Sahne
175 g Krebsfleisch aus der Dose, abgetropft
50 g Manchego oder Parmesan, gerieben
2 EL frisch gehackte glatte Petersilie
1 Prise frisch geriebene Muskatnuss
Salz und Pfeffer
frische Dillzweige, zum Garnieren

TEIG

300 g Mehl, plus etwas mehr, zum Bestäuben
1 Prise Salz
150 g Butter
2 EL kaltes Wasser
oder
500 g küchenfertiger, ungesüßter Mürbeteig

1 Den Backofen auf 190 °C vorheizen. Für die Krebsfüllung das Olivenöl in einem Topf erhitzen. Die Zwiebel darin 5 Minuten glasig dünsten. Den Knoblauch zufügen und 30 Sekunden anbraten. Den Weißwein zugeben und 1–2 Minuten köcheln und weitgehend verdampfen lassen.

2 Die Eier in einer großen Schale verquirlen. Milch oder Sahne unterrühren. Krebsfleisch, Käse, Petersilie und die Zwiebelmischung zufügen. Mit Muskat, Salz und Pfeffer würzen und gut mischen.

3 Für den Teig Mehl und Salz in einer großen Schüssel mischen. Die Butter würfeln und mit den Fingern einarbeiten, sodass eine feinkrümelige Mischung entsteht. Nach und nach das Wasser zugeben, bis ein fester Teig entsteht. Alternativ den Teig in der Küchenmaschine zubereiten.

4 Den Teig auf einer leicht bemehlten Arbeitsfläche dünn ausrollen. Mit einem runden Ausstecher (10 cm Ø) 9 Kreise ausstechen. Die Teigreste erneut ausrollen und weitere 3 Kreise ausstechen. 12 Tartelette-Förmchen (8 cm Ø) mit dem Teig auslegen. Die Krebsfüllung hineingeben, die Tartelettes dabei nicht zu voll machen. Im vorge-

heizten Ofen 25–30 Minuten stocken lassen und goldbraun backen. Die Tartelettes heiß oder kalt mit Dillzweigen garniert servieren.

Paprika mit Krebssalatfüllung

ERGIBT 16 PORTIONEN

16 Pimientos del Piquillo, abgetropft, oder frisch geröstete Paprika, Stielansatz abgeschnitten
frisch gehackte Petersilie, zum Garnieren

KREBSSALAT

240 g Krebsfleisch, abgetropft und trocken gepresst
1 rote Paprika, gegrillt, gehäutet und gehackt
2 EL frischer Zitronensaft
Salz und Pfeffer
200 g Frischkäse

1 Für den Krebssalat das Krebsfleisch verlesen und Schalenreste entfernen. Die Hälfte des Krebsfleisches mit der roten Paprika, 1½ Esslöffeln Zitronensaft und Gewürzen nach Belieben in eine Küchenmaschine füllen, gut durchmixen und in eine Schüssel umfüllen. Den Frischkäse zerkleinern und mit dem restlichen Krebsfleisch unterrühren. Bei Bedarf noch Zitronensaft zugeben.

2 Die Pimientos trocken tupfen und eventuell noch vorhandene Samen aus den Spitzen entfernen. Den Krebssalat mit einem kleinen Löffel auf die Pimientos verteilen und diese großzügig füllen. Auf einer Platte oder einzelnen Tellern anrichten, abdecken und in den Kühlschrank stellen. Die gefüllten Pimientos kurz vor dem Servieren mit der gehackten Petersilie bestreuen.

TIPP: Falls Sie keine fertigen Pimientos del Piquillo erhalten, können Sie sie auch selbst herstellen. Dafür 16 Spitzpaprika unter dem Backofengrill rösten und die Haut abziehen.

Garnelen im Backteig mit Koriander-Dip

FÜR 4 PERSONEN

1 Ei
120 ml Wasser
120 g Mehl
1 TL Cayennepfeffer
Pflanzenöl, zum Frittieren
12 rohe Riesengarnelen, ausgelöst und Darmfaden entfernt, aber mit Schwanzenden
Orangenspalten, zum Garnieren

KORIANDER-DIP

1 großes Bund Koriander, grob gehackt
3 Knoblauchzehen, gehackt
2 EL Tomatenmark
2 EL Zitronensaft
1 EL abgeriebene Zitronenschale
1½ EL Zucker
1 TL gemahlener Kreuzkümmel
5 EL Olivenöl

1 Für den Koriander-Dip Koriander, Knoblauch, Tomatenmark, Zitronensaft und -schale, Zucker und Kreuzkümmel im Mixer fein zerkleinern. Bei laufendem Gerät das Öl nach und nach zugießen, bis eine glatte Masse entsteht. In eine Schale füllen und mit Frischhaltefolie abgedeckt bis zur Verwendung kalt stellen.

2 Ei und Wasser in einer kleinen Schüssel verquirlen. Nach und nach Mehl und Cayennepfeffer hineinsieben und unter ständigem Rühren zu einer glatten Masse verarbeiten.

3 Das Öl in einem großen Topf oder einer Fritteuse auf 180–190 °C erhitzen, bis ein Brotwürfel darin in 30 Sekunden bräunt. Die Garnelen am Schwanzende festhalten und einzeln in den Backteig tauchen, überschüssigen Teig abtropfen lassen. Die Garnelen ins Öl geben und 2–3 Minuten knusprig frittieren. Mit einem Schaumlöffel herausheben und gut auf Küchenpapier abtropfen lassen. Sofort mit Orangenspalten garniert servieren. Dazu den Koriander-Dip reichen.

Knoblauchgarnelen mit Zitrone & Petersilie

FÜR 6 PERSONEN

- 150 ml Olivenöl
- 6 Knoblauchzehen, in dünnen Scheiben
- 3 getrocknete scharfe rote Chillies (nach Belieben)
- 60 rohe Riesengarnelen, ausgelöst und Darmfaden entfernt, aber mit Schwanzenden
- 6 EL Zitronensaft
- 6 EL frische, fein gehackte Petersilie
- Baguette, zum Servieren

1 Das Olivenöl in einer große, tiefen Pfanne erhitzen. Knoblauch und Chillies hineingeben

und unter ständigem Rühren erhitzen, bis sie zischend zu braten beginnen. Die Garnelen zufügen und so lange weiterbraten, bis sie rosa werden und sich zu krümmen beginnen.

2 Die Garnelen mit einem Schaumlöffel herausheben und in vorgewärmte Schalen geben. Mit Zitronensaft beträufelt und mit Petersilie bestreut servieren. Dazu viel Baguette reichen.

Riesengarnelen mit Knoblauch

FÜR 4 PERSONEN

125 ml Olivenöl
4 Knoblauchzehen, fein gehackt
2 frische, scharfe rote Chillies, gehackt
500 g gekochte Riesengarnelen
2 EL frisch gehackte glatte Petersilie
Salz und Pfeffer
Zitronenspalten, zum Garnieren
Baguette, zum Servieren

1 Das Olivenöl in einer gusseisernen Pfanne oder im Wok auf kleiner Stufe erhitzen. Knoblauch und Chillies darin unter Rühren 1–2 Minuten weich dünsten.

2 Die Garnelen zufügen und 2–3 Minuten unter Rühren anbraten, bis sie heiß und gut mit dem Knoblauchöl benetzt sind.

3 Den Herd ausschalten. Die Petersilie zu den Garnelen geben und gut vermischen. Mit Salz und Pfeffer würzen.

4 Die Garnelen und das Knoblauchöl auf 4 vorgewärmte Teller verteilen und mit Zitronenspalten garniert servieren. Dazu viel Baguette reichen.

Limettengarnelen

FÜR 6 PERSONEN

4 Limetten
12 rohe Riesengarnelen
3 EL Olivenöl
2 Knoblauchzehen, fein gehackt
1 Schuss trockener Sherry
Salz und Pfeffer
4 EL frisch gehackte glatte Petersilie

1 Die Schale von 2 Limetten abreiben und die beiden Limetten auspressen. Die restlichen 2 Limetten in Spalten schneiden und beiseitestellen.

2 Die Beine der Garnelen entfernen, Schalen und Schwanzenden intakt lassen. Die Garnelen am Rücken entlang einschneiden und den dunklen Darmfaden entfernen. Die Garnelen kalt abspülen und mit Küchenpapier gut trocken tupfen.

3 Das Öl in einer gusseisernen Pfanne erhitzen. Den Knoblauch darin 30 Sekunden anbraten. Die Garnelen zugeben und

unter gelegentlichem Rühren 5 Minuten braten, bis sie rosa werden und sich krümmen. Limettenschale, Limettensaft und Sherry zugeben und gut mischen.

4 Die Garnelen auf Tellern anrichten, nach Geschmack salzen und pfeffern und mit Petersilie bestreuen. Die Garnelen sehr heiß servieren. Dazu die Limettenspalten zum Beträufeln reichen.

Garnelen im Schinkenmantel

ERGIBT 16 PORTIONEN

16 rohe Riesengarnelen, ausgelöst, Schwänze intakt
16 dünne Scheiben Serrano-Schinken oder Prosciutto
natives Olivenöl extra

TOMATEN-KAPERN-DRESSING

2 Tomaten, gehäutet und entkernt
1 kleine rote Zwiebel, in sehr dünnen Ringen
4 EL sehr fein gehackte, frische Petersilie
1 EL eingelegte Kapern, abgespült, abgetropft und gehackt
fein geriebene Schale von 1 großen, unbehandelten Zitrone
4 EL natives Olivenöl extra
1 EL Sherry-Essig

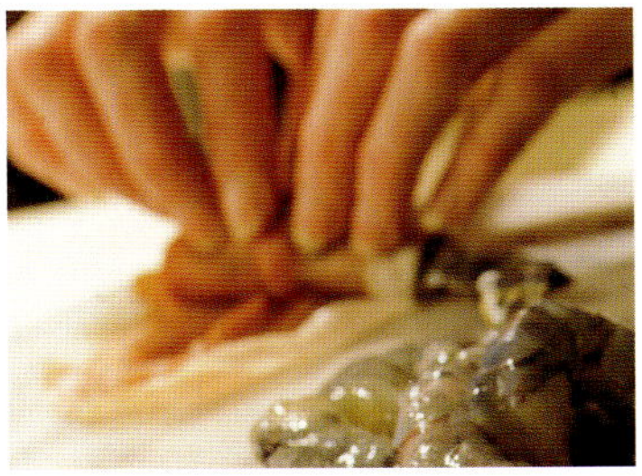

TIPP: Um die Tomaten zu entkernen, den Stielansatz entfernen, die Tomaten in eine Auflaufform setzen, mit kochendem Wasser übergießen und 30 Sekunden ziehen lassen. Herausheben und abschrecken. Dann die Haut abziehen, die Tomaten halbieren und die Kerne entfernen.

1 Für das Dressing das vorbereitete Tomatenfleisch fein hacken und in eine Schüssel geben. Zwiebel, Petersilie, Kapern und Zitronenschale zugeben und alles behutsam vermengen. Öl und Essig mischen und zu den übrigen Zutaten gießen. Beiseitestellen.

2 Um jede Garnele eine Scheibe Schinken wickeln; mit ein wenig Öl bestreichen. Die Garnelen in eine ofenfeste Schale legen, die groß genug ist, dass alle in einer Schicht hineinpassen. Im vorgeheizten Backofen bei 160 °C 10 Minuten backen.

3 Die Garnelen auf einer Platte anrichten. Das Tomaten-Kapern-Dressing darüberträufeln. Sofort servieren oder auf Zimmertemperatur abkühlen lassen.

Garnelen mit Safran-Dressing

FÜR 6–8 PERSONEN

1 große Prise Safranfäden
2 EL warmes Wasser
175 ml Mayonnaise
2 EL geriebene Zwiebel
4 EL Zitronensaft
1 TL Dijon-Senf
Salz und Pfeffer
1 Romana-Salatherz, in Blättern
1 kg gekochte Garnelen, ausgelöst und Darmfaden entfernt
4 Tomaten, in Spalten
8 schwarze Oliven

1 Safran und Wasser in einer kleinen Schüssel verrühren. Mayonnaise, geriebene Zwiebel, Zitronensaft und Senf in einer zweiten Schüssel vermischen. Mit Salz und Pfeffer würzen und das Safranwasser einrühren. Mit Frischhaltefolie abgedeckt bis zum Servieren kalt stellen.

2 Die Salatblätter auf einer großen Platte oder auf Tellern anrichten. Die Garnelen daraufgeben und die Tomaten und Oliven darüber verteilen. Mit Safran-Dressing servieren.

Pikante Sherry-Garnelen

FÜR 4 PERSONEN

2 EL Olivenöl
12 rohe Riesengarnelen, ausgelöst, Darmfaden entfernt, aber mit Schwanzenden
2 EL trockener Sherry
1 Prise Cayennepfeffer oder 1 Spritzer Tabasco
Salz und Pfeffer

1 Das Olivenöl in einer gusseisernen Pfanne erhitzen. Die Garnelen darin bei mittlerer Hitze unter gelegentlichem Rühren 2–3 Minuten rosarot anbraten. Mit Sherry ablöschen. Mit Cayennepfeffer, Salz und Pfeffer würzen.

2 Den Inhalt der Pfanne in eine flache Schale geben und jede Garnele auf einen Cocktailspieß stecken. Sofort servieren.

Safrangarnelen mit Zitronenmayonnaise

FÜR 6–8 PERSONEN

80 g Mehl
120 ml Bier
2 EL Olivenöl
1 Prise Safranpulver
2 Eiweiß
Pflanzenöl, zum Frittieren
1,25 kg rohe Riesengarnelen, ausgelöst, Darmfaden entfernt, aber mit Schwanzenden

ZITRONENMAYONNAISE

4 Knoblauchzehen, zerdrückt und fein gehackt
2 Eigelb
1 EL Zitronensaft
1 TL fein abgeriebene Zitronenschale
300 ml Maiskeimöl
grobes Meersalz und Pfeffer

1 Für die Mayonnaise Knoblauch, Eigelb, Zitronensaft und -schale in den Mixer geben und kurz pürieren. Bei laufendem Gerät das Öl nach und nach zugießen, bis eine glatte Masse entsteht.

Die Mayonnaise in eine Schale füllen, mit Salz und Pfeffer würzen, mit Frischhaltefolie abdecken und bis zur Verwendung im Kühlschrank aufbewahren.

2 Das Mehl in eine Schüssel sieben. Bier, Öl und Safran in einem Krug verquirlen und nach und nach in das Mehl einarbeiten. Abdecken und mindestens 30 Minuten ruhen lassen.

3 Das Eiweiß in einer sauberen, fettfreien Schüssel steif schlagen. Den Eischnee vorsichtig unter den Teig heben.

4 Das Öl in einem großen Topf oder einer Fritteuse auf 180–190 °C erhitzen, bis ein Brotwürfel darin in 30 Sekunden bräunt. Die Garnelen am Schwanzende festhalten und einzeln in den Backteig tauchen, überschüssigen Teig abtropfen lassen. Die Garnelen ins Öl geben und 2–3 Minuten knusprig frittieren. Mit einem Schaumlöffel aus dem Öl heben und gut auf Küchenpapier abtropfen lassen. Sofort mit der Mayonnaise servieren.

Blätterteigecken mit Garnelenfüllung

FÜR 8–10 PERSONEN

- 250 g Mehl, plus etwas mehr, zum Bestäuben
- Salz und Pfeffer
- 280 g Butter
- 160 ml Eiswasser
- 1 TL Zitronensaft
- 240 ml Milch
- frisch gemahlene Muskatnuss
- 1 Lorbeerblatt
- 450 g gekochte Garnelen, ausgelöst und Darmfaden entfernt
- 1 hart gekochtes Ei, in Scheiben
- 1 EL edelsüßes Paprikapulver
- 1 Prise Cayennepfeffer
- 1 EL frisch gehackte Petersilie
- Pflanzenöl, zum Frittieren

1 225 g Mehl und 1 Prise Salz in eine Schüssel sieben. 60 g Butter zufügen und mit den Fingern ins Mehl reiben. Wasser und Zitronensaft zugeben und zu einem Teig verarbeiten. Zu einer Kugel formen, in Frischhaltefolie einschlagen und 15 Minuten in den Kühlschrank stellen. 170 g Butter zwischen 2 Bögen Backpapier legen und zu einem 5 mm dicken Rechteck ausrollen.

2 Den Teig auf einer bemehlten Arbeitsfläche zu einem 5 mm dicken Rechteck ausrollen. Die Butter in die Mitte geben. Das obere und untere Teigende über der Butter zusammenfalten, alles in Alufolie einschlagen und 10 Minuten in den Kühlschrank stellen.

3 Den Teig mit der Nahtstelle nach vorn auf eine bemehlte Arbeitsfläche geben und etwa 5 mm dick ausrollen. Die beiden Teigenden erneut falten, einschlagen und 15 Minuten in den Kühlschrank stellen. Dieses Verfahren noch 2-mal wiederholen.

4 Unterdessen die verbliebene Butter in einer Pfanne erhitzen. Das restliche Mehl darin unter ständigem Rühren 2 Minuten anschwitzen, bis es goldgelb wird. Vom Herd nehmen und nach und nach die Milch unterrühren. Wieder auf den Herd stellen, aufkochen und unter ständigem Rühren andicken. Auf sehr niedrige Hitze herunterschalten, mit Salz, Pfeffer und Muskat würzen und das Lorbeerblatt zugeben. Vom Herd nehmen.

5 Garnelen und Ei in einer Schüssel mischen und unter die Sauce ziehen. Das Lorbeerblatt entfernen. Paprikapulver, Cayennepfeffer und Petersilie einrühren.

6 Den Teig auf einer leicht bemehlten Arbeitsfläche zu einem 5 mm dicken Rechteck ausrollen und in 7,5 cm große Quadrate schneiden. 1 Teelöffel

der Garnelenmasse auf jedes Quadrat geben. Die Kanten mit Wasser bestreichen, den Teig zu Dreiecken falten und festdrücken.

7 Das Öl in einem großen Topf oder einer Fritteuse auf 180–190 °C erhitzen, bis ein Brotwürfel darin in 30 Sekunden bräunt. Die Teigecken in mehreren Portionen 2 Minuten goldbraun frittieren. Mit einem Schaumlöffel aus dem Öl heben und auf Küchenpapier abtropfen lassen. Heiß servieren.

Chiligarnelen

FÜR 6 PERSONEN

1 kleine, frische rote Chili
6 EL Olivenöl
2 Knoblauchzehen, fein gehackt
500 g rohe Riesengarnelen, ausgelöst und Darmfaden entfernt, aber mit Schwanzenden
1 Prise Paprikapulver
Salz
Baguette, zum Servieren

1 Die Chili längs halbieren, entkernen und fein hacken.

2 Das Öl in einer gusseisernen Pfanne erhitzen. Den Knoblauch darin 30 Sekunden anbraten. Garnelen, Chili, Paprikapulver und 1 Prise Salz zufügen und unter Rühren 2–3 Minuten braten, bis die Garnelen rosa sind.

3 Sofort sehr heiß in der Pfanne servieren. Dazu Cocktailspieße zum Aufspießen der Garnelen und Baguette reichen.

Jakobsmuscheln in Cidre

FÜR 4–5 PERSONEN
1 l herber Cidre
4 EL Zitronensaft
Salz und Pfeffer
20 ausgelöste Jakobsmuscheln
75 g Butter
2 EL Mehl
250 g saure Sahne
125 g Champignons

1 Den Backofen auf 110 °C vorheizen. Cidre und Zitronensaft in einen großen, flachen Topf geben und mit Salz und Pfeffer würzen. Die Jakobsmuscheln hineingeben und 10 Minuten gar pochieren. Die Muscheln mit einem Schaumlöffel in eine Auflaufform legen. 2 Esslöffel Butterflocken daraufsetzen. Mit Alufolie abgedeckt im Ofen warm stellen.

2 Den Muschelsud aufkochen und auf die Hälfte einkochen. 2 Esslöffel Butter und das Mehl mit einer Gabel zu einer Paste mischen. Die Mehlpaste nach und nach in den Sud einrühren und andicken. Die saure Sahne unterziehen und 5–10 Minuten köcheln lassen.

3 Die Sauce abschmecken. Die Jakobsmuscheln aus dem Backofen nehmen, in die Sauce geben und alles 2–3 Minuten erhitzen.

4 Unterdessen die restliche Butter in einer kleinen Pfanne zerlassen. Die Champignons darin bei schwacher Hitze unter häufigem Rühren 2–3 Minuten andünsten. Zu den Jakobsmuscheln in die Sauce geben. Auf Tellern anrichten und servieren.

Jakobsmuscheln mit Serrano-Schinken

FÜR 4 PERSONEN

2 EL Zitronensaft
3 EL Olivenöl
2 Knoblauchzehen, fein gehackt
1 EL frisch gehackte Petersilie
12 ausgelöste Jakobsmuscheln, bevorzugt mit Corail
16 dünne Scheiben Serrano-Schinken
Pfeffer

1 Zitronensaft, Olivenöl, Knoblauch und Petersilie in einer Schüssel verrühren. Corail und Muschelfleisch trennen, beides in die Marinade geben und umrühren. Mit Frischhaltefolie abgedeckt bei Zimmertemperatur 20 Minuten marinieren.

2 Den Backofengrill vorheizen. Die Muscheln abtropfen lassen, die Marinade aufbewahren. Eine Schinkenscheibe fälteln und auf einen Metallspieß stecken, gefolgt von einer Muschel, einem Corail und einem zweiten Schinkenknäuel. Insgesamt 4 Spieße zubereiten.

3 Unter dem Backofengrill auf mittlerer Schiene 5 Minuten braten, bis die Muscheln gar sind und der Schinken knusprig ist. Dabei häufig wenden und mit Marinade bestreichen.

4 Auf vorgewärmte Teller geben und mit Pfeffer bestreuen. Mit dem Bratensaft aus der Grillpfanne beträufelt servieren.

Jakobsmuscheln mit Blauschimmelkäse

FÜR 4–6 PERSONEN

4 EL Olivenöl
3 EL Orangensaft
2 TL Haselnussöl
Salz und Pfeffer
24 ausgelöste Jakobsmuscheln
Salatblätter (nach Belieben)
175 g Cabrales oder anderer Blauschimmelkäse, zerbröckelt
2 EL frisch gehackter Dill

1 3 Esslöffel Olivenöl, Orangensaft und Haselnussöl in einem Krug verrühren und mit Salz und Pfeffer würzen.

2 Das restliche Olivenöl in einer Pfanne erhitzen. Die Jakobsmuscheln darin bei starker Hitze auf jeder Seite 1 Minute goldbraun braten.

3 Die Muscheln auf einem Blattsalatbett oder pur auf Tellern anrichten. Mit Käse und Dill bestreuen und mit dem Dressing beträufeln. Warm servieren.

Jakobsmuscheln in Orangensaft

FÜR 6 PERSONEN

Mehl, zum Bestäuben
30 ausgelöste Jakobsmuscheln, möglichst mit Corail
4 EL Olivenöl
Salz und Pfeffer
120 ml frisch gepresster Orangensaft
frische Petersilienzweige, zum Garnieren

1 Das Mehl auf einem Teller verteilen. Die Jakobsmuscheln portionsweise gut im Mehl wenden und überschüssiges Mehl abschütteln.

2 Das Olivenöl in einer großen, schweren Pfanne erhitzen. Die Muscheln darin von jeder Seite 1 Minute Seite anbraten. Mit Salz und Pfeffer würzen, den Orangensaft zugießen und weitere 2 Minuten köcheln.

3 Auf angewärmte Teller verteilen, mit Petersilienblättern garnieren und sofort servieren.

Muscheln in Safransauce

FÜR 8 PERSONEN

150 ml trockener Weißwein
150 ml Fischfond
einige Safranfäden
1 kg ausgelöste, große Jakobsmuscheln mit Corail
Salz und Pfeffer
3 EL Olivenöl
1 kleine Zwiebel, fein gehackt
2 Knoblauchzehen, fein gehackt
150 g Crème double
1 Spritzer Zitronensaft
frisch gehackte glatte Petersilie, zum Garnieren
Baguette, zum Servieren

1 Wein, Fischfond und Safran in einem Topf aufkochen. Die Hitze reduzieren und die Mischung abgedeckt 15 Minuten köcheln lassen.

2 Unterdessen die Jakobsmuscheln vom zähen, weißen Schließmuskel, der gegenüber dem Corail liegt, befreien. Corail vom Muschelfleisch trennen und beides senkrecht in dicke Scheiben schneiden. Mit Küchenpapier gut trocken tupfen und mit Salz und Pfeffer würzen.

3 Das Olivenöl in einer Pfanne erhitzen. Zwiebel und Knoblauch darin 5 Minuten glasig dünsten und leicht bräunen. Muschelscheiben zufügen und unter gelegentlichem Rühren bei mittlerer Hitze 5 Minuten braten, bis sie milchig weiß werden. Die Muscheln nicht zu lange garen, da sie sonst zäh werden.

4 Die Muscheln mit einem Schaumlöffel aus der Pfanne heben und auf einen vorgewärmten Teller legen. Den Safranfond in die Pfanne geben, aufkochen und sprudelnd auf die Hälfte einkochen lassen. Die Hitze reduzieren und nach und nach die Crème double einrühren. Leicht köcheln und andicken lassen.

5 Die Muscheln zurück in die Pfanne geben und 1–2 Minuten erhitzen. Zitronensaft zugeben und mit Salz und Pfeffer würzen. Heiß mit Petersilie garniert servieren. Dazu Baguette reichen.

Überbackene Jakobsmuscheln

FÜR 4 PERSONEN

700 g ausgelöste Jakobsmuscheln, gehackt
2 Zwiebeln, fein gehackt
2 Knoblauchzehen, fein gehackt
3 EL frisch gehackte Petersilie
1 Prise frisch geriebene Muskatnuss
1 Prise Gewürznelkenpulver
Salz und Pfeffer
2 EL frische Semmelbrösel
2 EL Olivenöl

1 Den Backofen auf 200 °C vorheizen. Jakobsmuscheln, Zwiebeln, Knoblauch, 2 Esslöffel Petersilie, Muskat und Nelkenpulver in einer Schüssel mischen. Mit Salz und Pfeffer würzen.

2 Die Mischung auf 4 gesäuberte Jakobsmuschelschalen oder 4 Ramequin-Formen verteilen. Mit Semmelbröseln und der restlichen Petersilie bestreuen und alles mit Olivenöl beträufeln.

3 Im vorgeheizten Backofen 15–20 Minuten hell goldbraun backen und sofort servieren.

Katalanische Muscheln

FÜR 4 PERSONEN

- 2 kg frische Miesmuscheln, abgebürstet und Bärte entfernt
- 5 EL Olivenöl
- 2 Zwiebeln, gehackt
- 2 Knoblauchzehen, fein gehackt
- 4 große Tomaten, gehäutet, entkernt und fein gehackt
- 1 Lorbeerblatt
- 1 EL Weinbrand
- ½ TL edelsüßes Paprikapulver
- Salz und Pfeffer
- frisches Brot, zum Servieren

1 Alle beschädigten Muscheln aussortieren, auch jene, die sich geöffnet haben und beim Antippen nicht mehr schließen.

2 Das Öl in einem großen, schweren Topf erhitzen. Zwiebeln und Knoblauch darin bei geringer Hitze 5 Minuten unter gelegentlichem Rühren andünsten. Tomaten und Lorbeerblatt zufügen und unter gelegentlichem Rühren weitere 5 Minuten dünsten.

3 Weinbrand und Paprikapulver zugeben und mit Salz und Pfeffer würzen. Auf hohe Stufe schalten, die Muscheln hineingeben, abdecken und 5 Minuten kochen, bis die Schalen sich geöffnet haben. Gelegentlich am Topf rütteln. Das Lorbeerblatt und alle noch geschlossenen Muscheln aussortieren. Die Muscheln in eine angewärmte Schüssel geben und mit dem Garsud beträufeln. Mit Brot servieren oder abkühlen lassen.

Gratinierte Muscheln

FÜR 4–6 PERSONEN

500 g frische Muscheln, abgebürstet und Bärte entfernt
180 ml Wasser
4 EL Olivenöl
1 Knoblauchzehe, fein gehackt
2 EL frisch gehackte Petersilie
60 g frische helle Semmelbrösel
1 Tomate, gehäutet, entkernt und fein gehackt

1 Alle beschädigten Muscheln aussortieren, auch jene, die sich geöffnet haben und beim Antippen nicht mehr schließen.

2 Die Muscheln in einen großen Topf geben und das Wasser zugießen. Zum Kochen bringen, abdecken und auf hoher Stufe 3–5 Minuten kochen, bis die Schalen sich geöffnet haben. Noch geschlossene Muscheln aussortieren.

3 Das Fleisch aus den Schalen lösen und eine Hälfte der Schalen aufheben. Muscheln, Öl, Knoblauch und Petersilie in einer Schüssel mischen. Abgedeckt 30 Minuten in den Kühlschrank stellen.

4 Den Backofen auf 220 °C vorheizen. Semmelbrösel und Tomate in einer zweiten Schüssel mischen. Die Muscheln in die Muschelschalen legen und nebeneinander in eine flache Auflaufform setzen. Die Semmelbrösel darüberstreuen und alles 5 Minuten im vorgeheizten Ofen goldbraun gratinieren. Sofort servieren.

Marinierte Muscheln mit Chili

FÜR 6–8 PERSONEN

1 kg frische Muscheln, abgebürstet und Bärte entfernt
1 Zitrone, in Scheiben
2 Knoblauchzehen, fein gehackt
180 ml Weißwein
120 ml Olivenöl
3 EL Zitronensaft
1 EL Dijon-Senf
2 TL Zucker
1 frische rote Chili, entkernt und fein gehackt
2 EL frisch gehackte Petersilie
1 EL Kapern in Salzlake, abgetropft und gehackt
grobes Meersalz oder zerstoßenes Eis (nach Belieben)

1 Alle beschädigten Muscheln aussortieren, auch jene, die sich geöffnet haben und beim Antippen nicht mehr schließen.

2 Zitronenscheiben und Knoblauch in einen großen, schweren Topf geben, den Wein zugießen und alles zum Kochen bringen. Die Muscheln zugeben, abdecken und auf hoher Stufe 3–5 Minuten kochen, bis die Schalen sich geöffnet haben. Noch geschlossene Muscheln aussortieren.

3 Das Fleisch aus den Schalen lösen und eine Hälfte der Schalen aufheben. Olivenöl, Zitronensaft, Senf, Zucker, Chili, Petersilie und Kapern in einer großen, nicht metallischen Schüssel mischen. Die Muscheln zufügen, alles gut vermengen und mit Frischhaltefolie abgedeckt bis zu 24 Stunden in den Kühlschrank stellen.

4 Zum Servieren die Muscheln in die Muschelschalen setzen und nach Belieben auf einem Bett aus Meersalz oder zerstoßenem Eis anrichten. Mit der Marinade beträufeln und sofort servieren.

Muscheln mit Kräuter-Knoblauch-Butter

FÜR 8 PERSONEN

1 kg frische Miesmuscheln, abgebürstet und Bärte entfernt
1 Schuss trockener Weißwein
1 Lorbeerblatt
80 g Butter
30 g frische Semmelbrösel (Weißbrot oder dunkles Brot)
4 EL frisch gehackte glatte Petersilie
2 EL frisch gehackter Schnittlauch
2 Knoblauchzehen, fein gehackt
Salz und Pfeffer
einige Petersilienzweige, zum Garnieren
Zitronenspalten, zum Servieren

1 Alle beschädigten Muscheln aussortieren, auch jene, die sich geöffnet haben und beim Antippen nicht mehr schließen. Die Muscheln in ein Sieb geben und gut mit kaltem Wasser abspülen.

2 Die Muscheln in einen Kochtopf geben, etwas Wein und das Lorbeerblatt hinzufügen. Den Topf abdecken und die Muscheln bei großer Hitze etwa 5 Minuten kochen. Dabei den Topf gelegentlich rütteln. Absieben und alle geschlossenen Muscheln aussortieren. Das Fleisch aus den Schalen lösen, eine Schalenhälfte aufheben. Je eine Muschel in eine Schale geben und in eine große, flache Auflaufform setzen.

3 Die Butter zerlassen und in eine kleine Schüssel geben. Semmelbrösel, Petersilie, Schnittlauch und Knoblauch zufügen. Mit Salz und Pfeffer würzen und mischen. Stehen lassen, bis die Butter wieder etwas fest geworden ist. Die Mischung auf die Muscheln geben und gut andrücken. Die Muscheln bis zum Servieren in den Kühlschrank stellen.

4 Den Backofen auf 230 °C vorheizen. Die Muscheln etwa 10 Minuten backen. Sofort mit Petersilie garniert servieren. Dazu Zitronenspalten reichen.

Frittierte Muscheln mit Chili-Dressing

FÜR 6–8 PERSONEN

4 EL Olivenöl
2 EL Weißweinessig
1 EL frisch gehackte Petersilie
1–2 frische rote Chillies, entkernt und fein gehackt
1 frische grüne Chili, entkernt und fein gehackt
½ TL Zucker
1 kg frische Muscheln, abgebürstet und Bärte entfernt
180 ml Wasser
50 g Instant-Polenta
Pflanzenöl, zum Frittieren

1 Olivenöl, Essig, Petersilie, Chillies und Zucker in einer Schüssel mischen. Mit Frischhaltefolie abdecken und bis zur Verwendung in den Kühlschrank stellen.

2 Alle beschädigten Muscheln aussortieren, auch jene, die sich geöffnet haben und beim Antippen nicht mehr schließen.

3 Die Muscheln in einen großen Topf füllen und das Wasser zugießen. Zum Kochen bringen, abdecken und auf hoher Stufe 3–5 Minuten kochen, bis die Schalen sich geöffnet haben. Noch geschlossene Muscheln aussortieren.

4 Das Fleisch aus den Schalen lösen und die Schalen aussortieren. Die Polenta auf einem Teller verteilen. Die Muscheln portionsweise in der Polenta wenden und überschüssige Polenta abschütteln.

5 Das Öl in einem großen Topf oder einer Fritteuse auf 180–190 °C erhitzen, bis ein Brotwürfel darin in 30 Sekunden bräunt. Die Muscheln bei Bedarf in mehreren Portionen darin ein paar Minuten goldbraun frittieren. Auf Küchenpapier abtropfen lassen und heiß mit dem Dressing servieren.

Muscheln mit gelber Paprika-Salsa

FÜR 4–6 PERSONEN

½ Salatgurke, geschält und längs halbiert
2 Zwiebeln, gehackt
2 EL frisch gehackte Petersilie
1 gelbe Paprika, gehackt
1 frische rote Chili, entkernt und fein gehackt
Salz und Pfeffer
160 ml trockener Weißwein
2 EL Olivenöl
1 EL Zitronensaft
500 g frische Muscheln, abgebürstet und Bärte entfernt

1 Mit einem Teelöffel die Kerne aus der Gurke entfernen und das Fruchtfleisch fein hacken. Gurke, die Hälfte der Zwiebeln und der Petersilie, gelbe Paprika und Chili in einer nicht metallischen Schüssel mischen und mit Salz und Pfeffer würzen. 2 Esslöffel Wein, Olivenöl und Zitronensaft unterrühren. Mit Frischhaltefolie abdecken und 30 Minuten bei Zimmertemperatur ruhen lassen.

2 Alle beschädigten Muscheln aussortieren und auch jene, die sich geöffnet haben und beim Antippen nicht mehr schließen.

3 Den restlichen Wein mit der verbliebenen Hälfte der Zwiebeln und der Petersilie in einen großen, schweren Topf geben. Zum Kochen bringen und die Muscheln zufügen. Abdecken und auf hoher Stufe 3–5 Minuten kochen, bis die Schalen sich geöffnet haben. Dabei gelegentlich am Topf rütteln. Geschlossene Muscheln aussortieren.

4 Das Fleisch aus den Schalen lösen und eine Hälfte der Schalen aufheben. Die Muscheln in den Schalen auf Tellern anrichten. Mit der Salsa beträufeln und servieren.

Venusmuscheln a la Plancha

FÜR 4–6 PERSONEN

500 g frische Venusmuscheln, abgebürstet

Olivenöl, zum Bestreichen und Beträufeln

Zitronenspalten, zum Garnieren

1 Alle beschädigten Muscheln aussortieren, auch jene, die sich geöffnet haben und beim Antippen nicht mehr schließen.

2 Eine Grillpfanne leicht mit Öl einfetten und bei hoher Hitze erwärmen. Die Muscheln nebeneinander in die Pfanne legen. Sobald sie sich geöffnet haben, die Muscheln so wenden, dass das Fleisch in der unteren Schalenhälfte liegt, und 2 Minuten grillen.

3 Die Muscheln erneut wenden und mit ein wenig Öl beträufeln. Auf einer Platte anrichten und mit dem Kochsud beträufeln. Sofort mit Zitronenspalten garniert servieren.

Venusmuscheln mit Bohnen

FÜR 4–6 PERSONEN
4 Sardellenfilets in Öl, abgetropft
1 TL Salzkapern
3 EL Olivenöl
1 EL Sherry-Essig
1 TL Dijon-Senf
Salz und Pfeffer
500 g Venusmuscheln, abgebürstet
175 ml Wasser
500 g dicke Bohnen
2 EL frisch gehackte Kräuter, z. B. Petersilie, Schnittlauch und Minze

1 Die Sardellenfilets 5 Minuten in einer Schüssel mit Wasser einweichen. Abgießen und mit Küchenpapier trocken tupfen. Das Salz von den Kapern entfernen. Sardellen und Kapern im Mörser zu einer Paste zermahlen.

2 Olivenöl, Essig und Senf in einer Schüssel verquirlen. Die Sardellenpaste unterheben und mit sehr wenig Salz und Pfeffer würzen. Mit Frischhaltefolie abgedeckt bei Zimmertemperatur beiseitestellen.

3 Muscheln mit zerbrochenen Schalen sowie geöffnete Muscheln aussortieren. Muscheln und Wasser in einem Topf abgedeckt bei starker Hitze aufkochen. Unter gelegentlichem Rütteln des Topfes 3–5 Minuten kochen, bis sich die Muscheln geöffnet haben. Nicht geöffnete Exemplare aussortieren.

4 Unterdessen leicht gesalzenes Wasser in einem großen Topf aufkochen. Dicke Bohnen hineingeben, erneut aufkochen und 5 Minuten garen. Abgießen, kalt abschrecken und abtropfen lassen. Die äußeren Häute entfernen und die Bohnen in eine Schüssel geben.

5 Die Muscheln abgießen und auslösen. Zu den Bohnen geben und mit Kräutern bestreuen. Die Sardellen-Vinaigrette darübergeben und vorsichtig umrühren. Warm servieren.

Venusmuscheln in Knoblauch-Tomaten-Sauce

FÜR 6-8 PERSONEN

2 hart gekochte Eier, abgekühlt, geschält und längs halbiert
3 EL Olivenöl
1 Gemüsezwiebel, gehackt
2 Knoblauchzehen, fein gehackt
700 g Tomaten, gehäutet und fein gehackt
60 g frische helle Semmelbrösel
Salz und Pfeffer
1 kg frische Venusmuscheln, abgebürstet
420 ml trockener Weißwein
2 EL frisch gehackte Petersilie
Zitronenspalten, zum Garnieren

1 Das Eigelb aus dem Ei lösen und durch ein Sieb in eine Schüssel streichen. Das Eiweiß hacken und aufbewahren.

2 Das Olivenöl in einer großen, schweren Pfanne erhitzen. Die Zwiebel darin bei geringer Hitze 5 Minuten unter gelegentlichem Rühren glasig dünsten. Den Knoblauch zufügen und weitere 3 Minuten dünsten. Tomaten, Semmelbrösel und Eigelb zugeben und mit Salz und Pfeffer würzen. Unter gelegentlichem Rühren aufkochen, alles mit einem Holzlöffel zerdrücken und weitere 10–15 Minuten köcheln, bis die Sauce andickt.

3 Alle beschädigten Muscheln aussortieren auch jene, die sich geöffnet haben und beim Antippen nicht mehr schließen.

4 Die Muscheln in eine großen, schweren Topf füllen. Den Wein zugießen und alles zum Kochen bringen. Abdecken und auf hoher Stufe 3–5 Minuten kochen, bis die Schalen sich geöffnet haben. Noch geschlossene Muscheln aussortieren.

5 Die Muscheln mit einem Schaumlöffel herausheben und in angewärmte Schalen geben. Den Kochsud durch ein Sieb in die Tomatensauce gießen, gut umrühren und über die Muscheln geben. Mit Eiweiß und Petersilie bestreuen und sofort mit Zitronenspalten garniert servieren.

Austern mit Sherry-Essig

FÜR 4 PERSONEN
1 Schalotte, fein gehackt
1 EL Zucker
3 EL Sherry-Essig
3 EL Rotweinessig
Pfeffer
24 frische Austern
grobes Meersalz oder zerstoßenes Eis, zum Servieren (nach Belieben)

1 Schalotte, Zucker, Sherry- und Rotweinessig und in einer nicht metallischen Schüssel mischen und gut mit Pfeffer würzen. Mit Frischhaltefolie abdecken und mindestens 15 Minuten bei Zimmertemperatur ruhen lassen, damit sich die Aromen entfalten.

2 Unterdessen die Austern aufbrechen. Dabei zum Schutz ein Küchentuch um die Hand wickeln und eine Auster mit der gewölbten Seite nach unten hineinlegen. Einen Austernbrecher oder ein kurzes, kräftiges Messer zwischen die Schalen schieben und mit einer kräftigen Drehbewegung öffnen. Die Muschel weiter festhalten und den Schließmuskel entlang der oberen Schale mit dem Messer durchtrennen. Die obere Schale vorsichtig abnehmen, um nichts von der Flüssigkeit im Inneren zu verschütten. Nun mit dem Messer entlang der unteren Schale unter der Auster den zweiten Schließmuskel durchtrennen. Die Austern in je eine Schalenhälfte legen und nach Belieben auf ein Bett aus Meersalz oder zerstoßenem Eis setzen.

3 Gleichmäßig mit dem Dressing beträufeln und zimmerwarm servieren.

Austern im Backteig

FÜR 6 PERSONEN

- 50 g Mehl
- 1 Prise Salz
- 1 Prise Zucker
- 60 ml Wasser
- 2 TL Pflanzenöl, plus etwas mehr, zum Frittieren
- 1 Eiweiß
- 36 frische Austern, geöffnet (siehe Seite 194)
- Zitronenspalten, zum Garnieren

1 Mehl, Salz und Zucker in eine Schüssel sieben. Wasser und Öl zugeben und alles glatt rühren.

2 Das Öl in einem großen Topf oder einer Fritteuse auf 180–190 °C erhitzen, bis ein Brotwürfel darin in 30 Sekunden bräunt.

3 Unterdessen das Eiweiß in einer sauberen, fettfreien Schüssel steif schlagen. Den Eischnee vorsichtig unter den Teig heben.

4 Die Austern portionsweise in den Teig tauchen, ins heiße Öl geben und darin 3–4 Minuten goldgelb und knusprig frittieren. Mit einem Schaumlöffel aus dem Öl heben und auf Küchenpapier abtropfen lassen. Warm stellen, während die verbliebenen Austern frittiert werden. Mit Zitronenspalten garniert servieren.

Fleisch & Geflügel

Fleischgerichte kommen in Spanien nicht ganz so häufig auf den Tisch wie in anderen europäischen Ländern und beschränken sich meist auf Chorizo aus Schweinefleisch, Hühnerfleischgerichte oder Fleischbällchen. Diese bilden daher den Schwerpunkt des folgenden Kapitels.

In vielen der Rezepte lassen sich die Fleischsorten variieren. Bereiten Sie das Zitronen-Knoblauch-Huhn (S. 223) mit Puten-, Schweine- oder Kaninchenfleisch zu oder verwenden Sie für die Hühnchenleber in Sherry-Sauce (S. 224) Lamm- oder Kalbsleber.

Die frittierten gefüllten Datteln (S. 214) gehören zu den neuen Kreationen, die insbesondere in den Cocktailbars der spanischen Großstädte Einzug gehalten haben.

Mini-Fleischspieße

ERGIBT 12 STÜCK

500 g Schweinefleisch
3 EL Olivenöl, plus etwas mehr, zum Einfetten (nach Belieben)
abgeriebene Schale und Saft von 1 großen Zitrone
2 Knoblauchzehen, zerdrückt
2 EL frisch gehackte glatte Petersilie, plus etwas mehr, zum Garnieren
1 EL Ras-el-Hanout-Gewürzmischung
Salz und Pfeffer

1 Das Schweinefleisch bereits am Vortag marinieren. Das Fleisch in 2 cm große Würfel schneiden und nebeneinander in eine große, flache Schale geben.

2 Für die Marinade alle übrigen Zutaten in einer Schüssel verrühren. Die Marinade gleich-

mäßig über das Fleisch geben. Abgedeckt im Kühlschrank unter 2- bis 3-maligem Umrühren 8 Stunden oder über Nacht marinieren.

3 Für dieses Rezept sind 12 etwa 15 cm lange Holz- oder Metallspieße erforderlich. Die Holzspieße vor der Verwendung

30 Minuten in kaltem Wasser einweichen, damit sie nicht verbrennen. Metallspieße brauchen nur etwas eingefettet zu werden (flache Spieße sind runden Spießen vorzuziehen, da das Grillgut nicht so leicht herunterrutscht).

4 Backofengrill, Gartengrill oder Grillpfanne erhitzen. Je 3 marinierte Fleischstücke mit etwas Abstand auf die vorbereiteten Spieße stecken. Die Spieße unter mehrfachem Wenden und Bestreichen mit der restlichen Marinade 10–15 Minuten braten, bis sie gar und gut gebräunt sind. Mit Petersilie garniert sehr heiß servieren.

Lammspieße mit Zitrone

FÜR 8 PERSONEN

2 Knoblauchzehen, fein gehackt
1 Gemüsezwiebel, fein gehackt
2 TL abgeriebene Zitronenschale
2 EL Zitronensaft
1 TL frischer Thymian
1 TL gemahlener Koriander
1 TL gemahlener Kreuzkümmel
2 EL Rotweinessig
125 ml Olivenöl
1 kg Lammfilet, in 2 cm große Würfel geschnitten
Orangen- oder Zitronenscheiben, zum Garnieren

1 Knoblauch, Zwiebel, Zitronenschale und -saft, Thymian, Koriander, Kreuzkümmel, Essig und Olivenöl in einer großen, flachen Schale gut verrühren.

2 Die Lammfleischwürfel auf 16 Holzspieße stecken, in die Schale geben und gründlich in der Marinade wenden. Mit Frischhaltefolie abgedeckt 2–8 Stunden kalt stellen, dabei gelegentlich wenden.

3 Den Backofengrill vorheizen. Die Spieße abtropfen lassen, die Marinade auffangen. Auf der oberen Schiene unter dem Backofengrill 10 Minuten oder nach Geschmack braten, dabei häufig wenden und mit der Marinade bestreichen. Mit Orangen- oder Zitronenscheiben garniert sofort servieren.

TIPP: Wie viele Tapas-Gerichte sind diese Spieße recht leicht zuzubereiten. Noch aromatischer werden sie, wenn Sie noch einige Rosmarinzweige auf den Grill legen.

Fleischklößchen mit Tomatensauce

ERGIBT 60 STÜCK

Olivenöl, zum Braten
1 rote Zwiebel, sehr fein gehackt
500 g Lammhackfleisch
1 großes Ei, verquirlt
2 TL Zitronensaft
½ TL gemahlener Kreuzkümmel
1 Prise Cayennepfeffer
2 EL frische, fein gehackte Minze
Salz und Pfeffer
300 ml Tomaten-Paprika-Sauce (siehe Seite 47), zum Servieren

1 In einer Pfanne 1 Esslöffel Olivenöl auf mittlerer Stufe erhitzen. Die Zwiebel darin unter gelegentlichem Rühren 5 Minuten glasig dünsten.

2 Die Pfanne vom Herd nehmen und abkühlen lassen. Lammhack, Ei, Zitronensaft, Kreuzkümmel, Cayennepfeffer, Minze und gebratene Zwiebel in eine große Schüssel geben und mit Salz und Pfeffer würzen. Gut mischen. Ein wenig davon braten, probieren und eventuell nachwürzen.

3 Mit feuchten Händen etwa 60 Klößchen aus der Masse formen. Auf ein Tablett legen und mindestens 20 Minuten kalt stellen.

4 Etwas Olivenöl in 1 oder 2 großen Pfannen erhitzen (die genaue Ölmenge ist vom Fettgehalt des Lammfleisches abhängig). Die Klößchen darin potionsweise nebeneinander bei mittlerer Hitze 5 Minuten braten, bis sie außen braun, innen aber noch rosa sind. Die bereits gebratenen Klößchen warm stellen.

5 Die Tomaten-Paprika-Sauce vorsichtig erhitzen und zu den Fleischklößchen reichen. Die Klößchen schmecken am besten heiß mit warmer Sauce, sind aber auch zimmerwarm ein Genuss.

Fleischklößchen in Mandelsauce

FÜR 6–8 PERSONEN

50 g Weißbrot, ohne Rinde
3 EL Wasser
500 g Schweine-, Rinder- oder Lammhackfleisch
1 große Zwiebel, fein gehackt
1 Knoblauchzehe, zerdrückt
2 EL frisch gehackte Petersilie, plus Petersilienzweige, zum Garnieren
1 Ei, verquirlt
etwas frisch geriebene Muskatnuss
Salz und Pfeffer
Mehl, zum Bestäuben
2 EL Olivenöl
1 Spritzer Zitronensaft
Baguette, zum Servieren

MANDELSAUCE

2 EL Olivenöl
25 g Toast- oder Weißbrot
125 g abgezogene Mandeln
2 Knoblauchzehen, fein gehackt
150 ml trockener Weißwein
Salz und Pfeffer
450 ml Gemüsebrühe

1 Brot und Wasser in eine Schüssel geben und 5 Minuten einweichen. Das Brot ausdrücken und mit Hackfleisch, Zwiebel, Knoblauch, Petersilie und Ei in eine Schüssel geben. Mit Muskat, Salz und Pfeffer würzen. Die Zutaten zu einer glatten Mischung verkneten. Aus der Fleischmasse 30 Klößchen formen. Die Klößchen im Mehl wenden.

2 Das Olivenöl in einer Pfanne erhitzen. Die Klößchen darin portionsweise 4–5 Minuten rundum goldbraun anbraten. Aus der Pfanne heben und beiseitestellen.

3 Für die Sauce das Olivenöl in derselben Pfanne erhitzen. Das Brot in Stücke brechen und mit den Mandeln in die Pfanne geben. Bei schwacher Hitze unter häufigem Rühren goldbraun braten. Knoblauch zugeben und 30 Sekunden anbraten, mit Wein ablöschen und 1–2 Minuten köcheln lassen. Mit Salz und Pfeffer würzen und leicht abkühlen lassen.

4 Die Mandelmischung in den Mixer geben, die Brühe zugießen und glatt pürieren. Die Sauce zurück in die Pfanne geben. Die Klößchen in die Sauce geben und bei schwacher Hitze 25 Minuten schmoren. Mit Salz und Pfeffer würzen. Die Klößchen mit der Sauce in eine vorgewärmte Schale füllen. Mit Zitronensaft beträufeln, mit Petersilie bestreuen und mit Baguette servieren.

Steakhappen mit Chilisauce

FÜR 4–6 PERSONEN

2 EL Olivenöl
1 Zwiebel, gehackt
1 TL Paprikapulver
1 Knoblauchzehe, fein gehackt
1 frische rote Chili, in Ringen
2 EL trockener Weißwein
1 EL Tomatenmark
1 EL Sherry-Essig
2 TL Zucker
400 g Tomaten aus der Dose, gewürfelt
2 Rumpsteaks (à 175–225 g)
Salz und Pfeffer
2 TL Tabasco
1 EL frisch gehackte Petersilie

1 1 Esslöffel Olivenöl in einer großen Pfanne erhitzen. Die Zwiebel darin auf kleiner Stufe unter gelegentlichem Rühren 5 Minuten glasig dünsten. Paprikapulver, Knoblauch und Chili zufügen und 2–3 Minuten anbraten. Wein, Tomatenmark, Essig, Zucker und Tomaten mit Saft zugeben. 15–20 Minuten köcheln und andicken.

2 Unterdessen eine Pfanne oder Grillpfanne auf hoher Stufe erhitzen und mit dem restlichen Öl ausstreichen. Die Steaks mit Pfeffer würzen und mit Tabasco einreiben. In die Pfanne geben und auf jeder Seite 1–1½ Minuten anbraten. Herunterschalten und unter einmaligem Wenden nach Belieben 3–7 Minuten braten. Vom Herd nehmen und warm stellen.

3 Die Sauce in den Mixer geben und fast glatt pürieren. In einer Schüssel mit Salz und Pfeffer würzen und die Petersilie unterrühren.

4 Die Steaks auf einem Brett in mundgerechte Stücke schneiden und Holzspieße hineinstecken. Sofort mit Sauce servieren.

Gemischter Tapas-Teller mit Steaks

FÜR 8–10 PERSONEN

200 g kleine festkochende Kartoffeln, ungeschält
5 EL Olivenöl
2 Hüftsteaks (à 250 g)
Salz und Pfeffer
1 frische rote Chili, fein gehackt (nach Belieben)
350 g Queso del Montsec oder anderer Ziegenkäse, in Scheiben
175 g gemischte Salatblätter
2 EL schwarze Oliven
2 EL grüne Oliven
50 g Sardellenfilets in Öl, abgetropft und längs halbiert
1 EL Kapern, abgespült und abgetropft

1 Die Kartoffeln in einem Topf mit leicht gesalzenem Wasser 15–20 Minuten bissfest kochen. Abgießen und etwas abkühlen lassen.

2 Eine Pfanne auf hoher Stufe erhitzen und mit 1 Esslöffel Olivenöl ausstreichen. Die Steaks nach Geschmack mit Pfeffer würzen, in die Pfanne geben und auf jeder Seite 1–1½ Minuten anbraten. Auf mittlere Hitze herunterschalten und auf jeder Seite weitere 1½ Minuten braten. Aus der Pfanne heben und 10–15 Minuten ruhen lassen.

3 2 Esslöffel Olivenöl in einer Pfanne erhitzen. Chili und Kartoffeln darin unter häufigem Wenden 10 Minuten knusprig und goldbraun braten.

4 Die Steaks in dünne Scheiben schneiden und abwechselnd mit den Käsescheiben auf dem Rand einer Platte anrichten. Salatblätter, Oliven, Sardellen und Kapern mischen und in die Mitte der Platte setzen. Mit dem restlichen Öl beträufeln und die Kartoffeln daraufgeben. Heiß oder warm servieren.

Schaschlik in Orangenmarinade

FÜR 6–8 PERSONEN
3 EL Weißwein
2 EL Olivenöl
3 Knoblauchzehen, fein gehackt
Saft von 1 Orange
500 g Rumpsteak, gewürfelt
Salz und Pfeffer
500 g Perlzwiebeln, halbiert
2 orangefarbene Paprika, in Quadrate geschnitten
250 g Kirschtomaten, halbiert

1 Wein, Olivenöl, Knoblauch und Orangensaft in einer flachen Schale verrühren. Die Steakwürfel hineingeben, mit Salz und Pfeffer würzen und gut mischen. Mit Frischhaltefolie abgedeckt 2–8 Stunden im Kühlschrank marinieren.

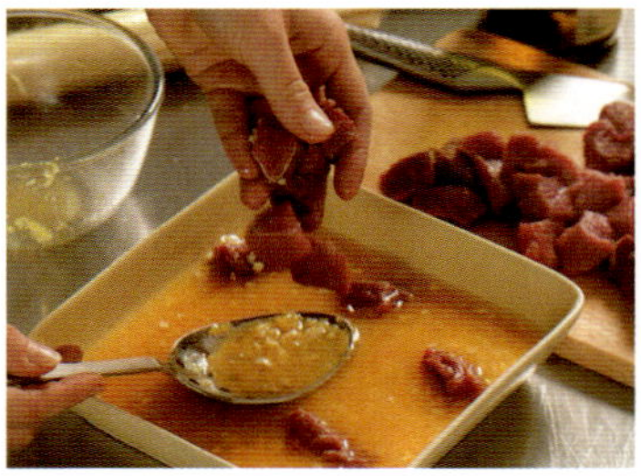

2 Den Backofengrill vorheizen. Das Fleisch abtropfen lassen, die Marinade auffangen. Fleisch, Zwiebeln, Paprika und Tomaten abwechselnd auf kleine Spieße stecken.

3 Auf der oberen Schiene unter dem Backofengrill unter häufigem Wenden und Bestreichen mit der Marinade 10 Minuten braten. Auf vorgewärmte Teller geben und sofort servieren.

Schinken mit Rucola

FÜR 6 PERSONEN

150 g Rucola
4½ EL Olivenöl
1½ EL Orangensaft
Salz und Pfeffer
275 g Jamón de Jabugo oder Serrano-Schinken, dünn aufgeschnitten

TIPP: Jamón de Jabugo aus der Huelva-Region eignet sich besonders gut für dieses Gericht, da seine natürliche Süße perfekt mit dem etwas bitteren Rucola-Aroma harmoniert.

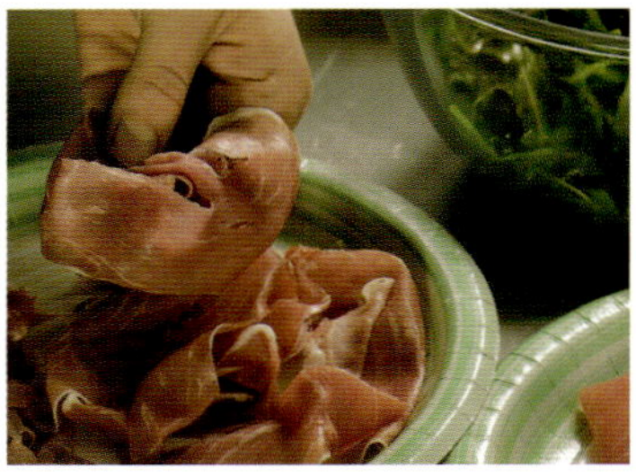

1 Die Rucola-Blätter in eine Schüssel geben. Olivenöl und Orangensaft darüberträufeln. Mit Salz und Pfeffer würzen und alles gründlich umrühren.

2 Die Schinkenscheiben dekorativ auf 6 Tellern anrichten. Den Rucola-Salat auf die Teller verteilen und sofort servieren.

Teigtaschen mit Schinken & Käse

FÜR 6 PERSONEN

6 Scheiben Serrano-Schinken
Tabasco, zum Bestreichen
200 g Queso Majorero, Manchego oder Ziegenkäse
6 Blätter Filoteig à 46 cm x 28 cm
3–4 EL Olivenöl

1 Den Backofen auf 200 °C vorheizen. Die Schinkenstreifen ausbreiten und mit Tabasco bestreichen. Den Käse in 6 Scheiben schneiden. Jede Käsescheibe mit 1 Schinkenstreifen umwickeln.

2 Immer nur mit einem Teigblatt arbeiten und die restlichen mit einem feuchten Küchentuch abdecken. Die Filoteig-Blätter mit etwas Olivenöl bestreichen und auf die Hälfte zusammenfalten. 1 Stück umwickelten Käse in die Mitte geben, den Teig nochmals mit Öl bestreichen und den Käse vollständig damit umwickeln. Mit der Nahtstelle nach unten auf ein Backblech setzen und die Oberseiten mit etwas Öl bestreichen. Ebenso mit den verbliebenen Käsestücken und Filoteig-Blättern verfahren.

3 15 Minuten im vorgeheizten Ofen goldbraun und knusprig backen. Sofort servieren oder leicht abkühlen lassen und warm servieren.

Schinkenkroketten mit Mandeln

FÜR 4–6 PERSONEN

75 g Mehl
Salz und Pfeffer
160 ml Wasser
60 g Butter
2 Eier
55 g Mandelblättchen
115 g Kochschinken, gehackt
Pflanzenöl, zum Frittieren

1 Das Mehl mit je 1 Prise Salz und Pfeffer auf einen Bogen Backpapier sieben. Das Wasser in einem schweren Topf zum Kochen bringen. Die Butter hineingeben und den Topf vom Herd nehmen, sobald die Butter geschmolzen ist. Das Mehl zufügen und alles mit einem Holzlöffel verrühren, bis der Teig sich von den Topfseiten löst.

2 Nach und nach die Eier zugeben und alles unter kräftigem Rühren zu einem glatten Teig verarbeiten. Mandelblättchen und Schinken unterheben und alles abkühlen lassen.

3 Das Öl in einem großen Topf oder einer Fritteuse auf 180–190 °C erhitzen, bis ein Brotwürfel darin in 30 Sekunden bräunt.

4 Portionsweise je 1 gehäuften Esslöffel Teig ins heiße Öl geben und darin 3–4 Minuten goldgelb und knusprig frittieren. Mit einem Schaumlöffel aus dem Öl heben und auf Küchenpapier abtropfen lassen. Die Kroketten heiß servieren.

Chorizo-Pilz-Spießchen

ERGIBT 25 STÜCK

2 EL Olivenöl
25 Chorizo-Würfel (1 cm × 1 cm, 100 g)
25 Champignons, Stiele entfernt
1 grüne Paprika, gegrillt, gehäutet und in 25 Quadrate geschnitten

1 Das Olivenöl in einer Pfanne auf mittlerer Stufe erhitzen. Die Chorizo darin 20 Sekunden unter Rühren anbraten.

2 Die Champignons zufügen und 1–2 Minuten anbraten, bis die Pilze zu bräunen beginnen.

3 Je 1 Paprikaquadrat, 1 Chorizo-Stück und 1 Champignon auf Cocktailspießchen stecken, bis alle Zutaten verarbeitet sind. Heiß oder zimmerwarm servieren.

Frittierte gefüllte Datteln

FÜR 6 PERSONEN

1 Chorizo, ohne Pelle
12 frische Datteln
6 Scheiben Frühstücksspeck ohne Schwarte
2 EL Mehl, zum Bestäuben
1 Ei, leicht verquirlt
70 g frische helle Semmelbrösel
Pflanzenöl, zum Frittieren

1 Die Chorizo in 3 Stücke schneiden. Jedes Stück noch einmal vierteln.

2 Die Datteln seitlich mit einem scharfen Messer aufschneiden und entkernen. Je 1 Stück Chorizo in eine Dattel geben. Die Speckstreifen mit einem Messerrücken lang ziehen und anschließend mittig halbieren. Jede Dattel mit einem Stück Frühstücksspeck umwickeln.

3 Mehl, Ei und Semmelbrösel in je eine flache Schüssel geben. Die Datteln mit Mehl bestäuben, ins Ei tauchen und in den Semmelbröseln panieren. Unterdessen das Öl in einem großen Topf oder einer Fritteuse auf 180–190 °C erhitzen, bis ein Brotwürfel darin in 30 Sekunden bräunt.

4 Die Datteln 3–4 Minuten goldbraun frittieren, dabei gelegentlich wenden. Mit einem Schaumlöffel aus dem Öl heben und auf Küchenpapier abtropfen lassen. Heiß servieren.

Chorizo-Empanadillas

ERGIBT 12 STÜCK

125 g Chorizo, ohne Pelle
250 g Blätterteig, Tiefkühlware aufgetaut
Mehl, zum Ausrollen
1 verquirltes Ei, zum Bestreichen

ZUM GARNIEREN

Paprikapulver
frische Basilikumzweige

1 Den Backofen auf 200 °C vorheizen. Die Chorizo in 1 cm große Würfel schneiden. Den Blätterteig auf einer leicht bemehlten Arbeitsfläche dünn ausrollen. Mit einem runden Ausstecher (8 cm Ø) Kreise ausstechen. Die Teigreste erneut ausrollen und weitere Kreise ausstechen, sodass sich insgesamt 12 Stück ergeben.

2 Die Chorizo-Würfel auf die Teigkreise verteilen. Den Teig am Rand mit etwas Wasser befeuchten und zu Halbkreisen zusammenfalten. Den Rand erst mit den Fingern, dann mit den Zinken einer Gabel zusammendrücken, um die Taschen fest zu verschließen. Mit der Spitze eines scharfen Messers in die Seite jeder Tasche einen kleinen Schlitz schneiden. Entweder weiterverarbeiten oder kalt stellen und später bei Bedarf backen.

3 Die Teigtaschen auf befeuchtete Backbleche setzen und mit etwas Ei bestreichen. Im Ofen 10–15 Minuten goldbraun backen. Die Empanadillas mithilfe eines Teesiebs dünn mit Paprikapulver bestäuben. Mit Basilikumzweigen garniert heiß oder warm servieren.

Chorizo mit Wachteleiern

ERGIBT 12 STÜCK

12 Scheiben Baguette, diagonal geschnitten, (5 mm dick)
12 dünne Scheiben Chorizo-Aufschnitt (ca. 50 g)
Olivenöl, zum Braten
12 Wachteleier
etwas edelsüßes Paprikapulver
Salz und Pfeffer
frische glatte Petersilie, zum Garnieren

1 Den Backofengrill vorheizen. Die Baguettescheiben auf ein Backblech legen und auf der oberen Schiene unter dem Grill von beiden Seiten goldbraun toasten.

2 Die Chorizo-Scheiben auf die Größe der Toasts zuschneiden. Beiseitestellen.

3 Eine dünne Schicht Olivenöl in einer großen Pfanne auf mittlerer Stufe erhitzen, bis ein Brotwürfel darin in 30 Sekunden bräunt. Die Wachteleier portionsweise in die Pfanne schlagen und braten, bis das Eiweiß fest und das Eigelb nach Geschmack gegart ist.

4 Die Spiegeleier auf Küchenpapier abtropfen lassen. Sofort auf die mit Chorizo belegten Toasts geben und mit Paprikapulver bestäuben. Mit Salz und Pfeffer würzen. Mit Petersilie garniert sofort servieren.

Chorizo in Rotwein

FÜR 6 PERSONEN

200 g Chorizo
200 ml spanischer Rotwein
2 EL Weinbrand (nach Belieben)
frische glatte Petersilie, zum Garnieren
Baguette, zum Servieren

1 Chorizo mit einer Gabel 3- bis 4-mal einstechen. Chorizo und Wein in einen großen Topf geben. Aufkochen, die Hitze reduzieren und die Mischung abgedeckt 15–20 Minuten köcheln lassen. In eine Schüssel geben und abgedeckt 8 Stunden oder über Nacht marinieren.

2 Die Wurst aus der Schüssel nehmen, den Wein beiseitestellen. Die Chorizo-Pelle ent-

fernen und die Wurst in 5 mm dicke Scheiben schneiden. In eine große gusseiserne Pfanne oder eine ofenfeste Form geben.

3 Weinbrand, falls verwendet, in einem Topf leicht erhitzen und über die Chorizo-Scheiben

geben. Vom Herd zurücktreten und den Weinbrand mit einem Streichholz entzünden. Wenn die Flammen erloschen sind, die Pfanne leicht schütteln und den Wein hineingeben. Bei starker Hitze fast den ganzen Wein verdampfen lassen.

4 Die Chorizo sehr heiß in der Pfanne bzw. Form, in der sie zubereitet wurde, mit Petersilie garniert servieren. Dazu Baguette und Cocktailspießchen zum Aufspießen der Wurstscheiben reichen.

Gebratene Chorizo mit Kräutern

FÜR 6–8 PERSONEN

700 g Chorizo
2 EL Olivenöl
2 Knoblauchzehen, fein gehackt
4 EL frisch gehackte Kräuter

1 Chorizo mit einem scharfen Messer in 5 mm dicke Scheiben schneiden. Eine Pfanne erhitzen. Die Chorizo-Scheiben darin ohne zusätzliches Fett bei mittlerer Hitze unter häufigem Rühren 5 Minuten knusprig braun braten.

2 Mit einem Pfannenwender oder Schaumlöffel aus der Pfanne heben und auf Küchenpapier gut abtropfen lassen. Das

Fett aus der Pfanne gießen und die Pfanne mit Küchenpapier auswischen.

3 Das Olivenöl in der Pfanne auf mittlerer Stufe erwärmen. Die Chorizo-Scheiben, Knoblauch und Kräuter darin unter gelegentlichem Rühren gut erhitzen. Sofort servieren.

Kichererbsensalat mit Chorizo

FÜR 4–6 PERSONEN

250 g Chorizo, ohne Pelle
4 EL Olivenöl
1 Zwiebel, fein gehackt
1 große Knoblauchzehe, zerdrückt
400 g Kichererbsen aus der Dose, abgespült und abgetropft
6 eingelegte Pimientos del Piquillo, abgetropft, trocken getupft und klein geschnitten
1 EL Sherry-Essig
Salz und Pfeffer
frisch gehackte Petersile, zum Garnieren
Baguette, zum Servieren

1 Die Chorizo in 1 cm große Würfel schneiden. Das Öl in einer Pfanne auf mittlerer Stufe erhitzen. Zwiebel und Knoblauch unter gelegentlichem Rühren glasig dünsten. Die Chorizo-Würfel zufügen und erhitzen.

2 Die Mischung in eine Schüssel geben. Kichererbsen und Pimientos zufügen. Mit Essig beträufeln und mit Salz und Pfeffer würzen. Umrühren. Heiß oder zimmerwarm mit Petersilie bestreut servieren. Dazu Baguette reichen.

Zitronen-Knoblauch-Huhn

FÜR 6–8 PERSONEN

4 große Hähnchenbrustfilets
5 EL Olivenöl
1 Zwiebel, fein gehackt
6 Knoblauchzehen, fein gehackt
2 Zitronen (abgeriebene Schale von 1 Zitrone, Zesten von 1 Zitrone und Saft von beiden Zitronen)
4 EL frisch gehackte glatte Petersilie, plus Petersilienzweige, zum Garnieren
Salz und Pfeffer

ZUM SERVIEREN

Zitronenspalten
Baguette

1 Die Hähnchenfilets mit einem scharfen Messer quer in dünne Streifen schneiden. Das Olivenöl in einer Pfanne erhitzen. Die Zwiebel darin 5 Minuten glasig dünsten. Den Knoblauch zufügen und 30 Sekunden anbraten.

2 Die Hähnchenstreifen in die Pfanne geben und bei mittelschwacher Hitze 5–10 Minuten unter gelegentlichem Rühren garen und leicht bräunen.

3 Abgeriebene Zitronenschale und Zitronensaft zugeben und aufkochen, dabei mit einem Holzlöffel den Bratensatz vom Boden der Pfanne lösen und mit dem Saft verrühren. Die Pfanne vom Herd nehmen. Die Petersilie einrühren und alles mit Salz und Pfeffer würzen.

4 Das Zitronen-Knoblauch-Huhn sehr heiß in eine vorgewärmte Schale geben. Mit Zitronenzesten und Petersilienzweigen garnieren. Mit Zitronenspalten zum Beträufeln servieren. Dazu Baguette reichen.

Hühnchenleber in Sherry-Sauce

FÜR 6 PERSONEN

500 g Hühnchenleber
2 EL Olivenöl
1 kleine Zwiebel, fein gehackt
2 Knoblauchzehen, fein gehackt
100 ml trockener Sherry
Salz und Pfeffer
2 EL frisch gehackte glatte Petersilie, plus Petersilienzweige, zum Garnieren
Baguette oder Toast, zum Servieren

1 Die Leber von Sehnen und Adern befreien. In kleine mundgerechte Stücke schneiden. Das Olivenöl in einer gusseisernen Pfanne erhitzen. Die Zwiebel darin 5 Minuten glasig dünsten. Knoblauch zufügen und 30 Sekunden anbraten.

2 Die Leberstücke in die Pfanne geben und unter ständigem Rühren 2–3 Minuten braten, bis sie außen fest und braun, innen aber noch weich und rosa sind. Mit einem Schaumlöffel aus der Pfanne heben und in eine große, vorgewärmte Schale oder mehrere kleinere Schalen geben. Warm stellen.

3 Den Sherry in die Pfanne gießen, hochschalten und den Alkohol 3–4 Minuten verdampfen lassen. Gleichzeitig mit einem Holzlöffel den Bratensatz vom Boden der Pfanne lösen und mit dem Sherry verrühren. Die Sauce mit Salz und Pfeffer würzen.

4 Die Sherry-Sauce über die Hühnchenleber geben. Mit gehackter Petersilie bestreuen und mit Petersilienzweigen garnieren. Sehr heiß mit Baguette oder Toast servieren.

Pikante Hühnerleber

FÜR 4–6 PERSONEN
100 g Mehl
½ TL gemahlener Kreuzkümmel
½ TL gemahlener Koriander
½ TL Paprikapulver
¼ TL frisch geriebene Muskatnuss
Salz und Pfeffer
350 g Hühnchenleber
6 EL Olivenöl
frische Minze, zum Garnieren

1 Das Mehl auf einen großen Teller sieben und mit Kreuzkümmel, Koriander, Paprika und Muskat vermischen. Salzen und pfeffern.

2 Die Leber von Adern und Sehnen befreien, mit Küchenpapier trocken tupfen und halbieren oder vierteln. Im gewürzten Mehl wenden, überschüssiges Mehl abschütteln.

3 Das Olivenöl in einer gusseisernen Pfanne erhitzen. Die Leber darin portionsweise bei starker Hitze unter häufigem Rühren 3–5 Minuten braten, bis sie außen knusprig, innen aber noch zart ist. Auf Holzspießchen stecken und mit Minzezweigen garniert servieren.

Hähnchenflügel mit Tomaten-Dressing

FÜR 6–8 PERSONEN

175 ml Olivenöl
3 Knoblauchzehen, fein gehackt
1 TL gemahlener Kreuzkümmel
1 kg Hähnchenflügel
2 Tomaten, geschält, entkernt und gewürfelt
5 EL Weißweinessig
1 EL in feine Streifen geschnittenes Basilikum

1 Den Backofen auf 180 °C vorheizen. 1 Esslöffel Olivenöl, Knoblauch und Kreuzkümmel in einer flachen Schale mischen. Die Spitzen der Hähnchenflügel abschneiden und aussortieren. Die Flügel in der Ölmischung wenden. Mit Frischhaltefolie abgedeckt 15 Minuten im Kühlschrank marinieren.

2 In einer großen Pfanne 3 Esslöffel Olivenöl erhitzen. Die Flügel darin portionsweise unter häufigem Wenden goldbraun braten. In eine Auflaufform geben. Im Ofen 10–15 Minuten gar backen, bis beim Einstechen

mit einer Messerspitze klarer Fleischsaft austritt.

3 Unterdessen Tomaten, Essig, Basilikum und das restliche Olivenöl in einer Schüssel mischen.

4 Die Flügel mit einer Zange in eine Schale legen. Das Dressing darübergeben und unterheben. Mit Frischhaltefolie abgedeckt abkühlen lassen und 4 Stunden kalt stellen. 30–60 Minuten vor dem Servieren aus dem Kühlschrank nehmen und zimmerwarm werden lassen.

Hühnchenrouladen mit Oliven

FÜR 6–8 PERSONEN

125 g schwarze Oliven in Öl, abgetropft
125 g weiche Butter
4 EL frisch gehackte Petersilie
4 Hähnchenbrustfilets
2 EL Öl aus dem Olivenglas

1 Den Backofen auf 200 °C vorheizen. Die Oliven entsteinen und hacken. Butter, Petersilie und die Hälfte der Oliven in einer Schüssel mischen.

2 Die Hähnchenfilets zwischen 2 Lagen Frischhaltefolie vorsichtig mit einem Fleischhammer oder Nudelholz flach klopfen.

3 Die Filets auf einer Seite mit der Olivenbutter bestreichen und aufrollen. Mit einem Zahnstocher zusammenstecken oder mit Küchenzwirn sorgfältig zusammenbinden.

4 Die Rouladen in eine Auflaufform geben. Mit etwas Öl beträufeln und im vorgeheizten Ofen 45–55 Minuten backen, bis sie gar sind und beim Einstechen mit einer Messerspitze klarer Fleischsaft austritt.

5 Die Hühnerrouladen auf ein Brett legen, Zahnstocher oder Zwirn entfernen. Die Rouladen mit einem scharfen Messer in Scheiben schneiden. Auf vorgewärmten Tellern anrichten, mit den restlichen Oliven bestreuen und servieren.

Knusprige Hühnchen-Schinken-Kroketten

ERGIBT 8 STÜCK

4 EL Olivenöl oder 50 g Butter
4 EL Mehl
200 ml Milch
120 g gegartes Hähnchenfleisch, fein gehackt
50 g Serrano- oder gekochter Schinken, fein gehackt
1 EL frisch gehackte glatte Petersilie, plus einige Zweige, zum Garnieren
1 kleine Prise frisch geriebene Muskatnuss
Salz und Pfeffer
1 Ei, verquirlt
60 g Semmelbrösel (Weißbrot)
Sonnenblumenöl, zum Frittieren
Aïoli (siehe S. 12), zum Servieren

1 Das Öl oder die Butter in einem Topf erhitzen. Das Mehl einrühren und etwa 1 Minute anschwitzen. Den Topf vom Herd nehmen und die Milch unterrühren. Alles glatt verrühren. Den Topf wieder auf den Herd stellen. Unter Rühren aufkochen, bis die Sauce andickt.

2 Den Topf vom Herd nehmen, das Hähnchenfleisch zugeben und unter die Sauce rühren. Schinken, Petersilie und Muskatnuss unterheben. Mit Salz und Pfeffer würzen. Die Hähnchenmischung in eine Schüssel geben und abkühlen lassen. Abdecken und für mindestens 2–3 Stunden in den Kühlschrank stellen.

3 Wenn die Mischung abgekühlt ist, das Ei in einen Teller geben und die Semmelbrösel auf einem zweiten Teller ausbreiten. Die Hähnchenmischung in 8 Portionen teilen. Mit feuchten Händen daraus 8 Kroketten formen. Diese in Ei und in Semmelbröseln wenden und auf einem Teller 1 Stunde in den Kühlschrank stellen.

4 Das Öl in einer Fritteuse auf 180–190 °C erhitzen. Die Kroketten portionsweise 5–10 Minuten goldbraun frittieren. Mit einem Schaumlöffel herausheben und auf Küchenpapier abtropfen lassen. Mit Petersilienzweigen garniert servieren. Dazu Aïoli reichen.

Brot & Pizza

Angesichts der erstaunlichen Entwicklung der Tapas von einfach belegten Brotscheiben zu international beliebten Gerichten endet dieses Buch mit einer Auswahl köstlicher Brot- und Pizzavariationen, herzhaft belegt mit Anchovis, Paprika, Chorizo oder Schinken. Einzig der in Italien obligatorische Käse findet sich hier seltener. Lassen Sie sich verführen von Garnelentoasts (S. 248), geröstetem Weißbrot mit Bohnenpüree (S. 238) oder Pizza mit Gemüse und Venusmuscheln (S. 232). Die Chorizo-Pizza (S. 252) ist die spanische Variante eines italienischen Klassikers.

Pizza mit Gemüse & Venusmuscheln

FÜR 4–6 PERSONEN

2 EL natives Olivenöl extra
4 große Knoblauchzehen, zerdrückt
2 große Zwiebeln, in dünnen Ringen
10 Pimientos del Piquillo, abgetropft, trocken getupft und in dünnen Streifen
250 g ausgelöste, kleine Venusmuscheln in Lake (Abfüllgewicht), abgespült und abgetropft
Salz und Pfeffer

TEIG

400 g Weizenmehl (Type 812), plus etwas mehr, zum Kneten
1 Päckchen Trockenhefe
1 TL Salz
½ TL Zucker
1 EL Olivenöl
1 EL trockener Weißwein
225 ml warmes Wasser

1 Für den Teig Mehl, Hefe, Salz und Zucker in einer Schüssel verrühren und eine Mulde in die Mitte drücken. Öl, Wein und Wasser mischen und 175 ml der Flüssigkeit in die Mulde gießen. Das Mehl nach und nach vom Rand her unterheben, bis sich ein weicher Teig bildet, bei Bedarf die restliche Flüssigkeit zugeben.

2 Den Teig auf eine leicht bemehlte Arbeitsfläche legen, glatt kneten und zu einem Ball formen. Die Schüssel ausspülen und innen mit Öl bestreichen. Den Teig wieder in die Schüssel geben und darin wenden, bis er leicht mit Öl überzogen ist. Die Schüssel fest mit Frischhaltefolie abdecken und an einen warmen Ort stellen, bis sich das Volumen des Teigs verdoppelt hat.

3 Das Öl in einer großen, gusseisernen Pfanne auf mittlerer Stufe erwärmen. Hitze reduzieren, Knoblauch und Zwiebeln hineingeben und unter ständigem Rühren 7 Minuten leicht dünsten, bis die Zwiebeln goldbraun, aber nicht allzu dunkel sind.

4 Die Zwiebeln in eine Schüssel füllen und abkühlen lassen. Paprikastreifen und Venusmuscheln zugeben und alles verrühren. Beiseitestellen.

5 Den Teig abschlagen und auf einer leicht bemehlten Arbeitsfläche rasch durchkneten. Mit der umgedrehten Schüssel abdecken und etwa 10 Minuten stehen lassen, damit er leichter ausgerollt werden kann.

6 Ein flaches, 32 cm x 32 cm großes Backblech gut bemehlen. Den Teig zu einem 34 cm großen Quadrat ausrollen, auf das Backblech legen und die Kanten zu einem dünnen Rand einrollen. Den Boden überall mit einer Gabel einstechen.

7 Den Belag gleichmäßig auf dem Teig verteilen und mit Salz und Pfeffer würzen. Im vorgeheizten Backofen bei 230 °C 25 Minuten backen, bis der Rand goldbraun ist und die Zwiebelspitzen sich leicht verfärben. Auf einem Kuchengitter vollständig abkühlen lassen. In 12–16 Stücke schneiden.

Salate auf Brot

JEDE SALATSORTE ERGIBT 12–14 BELEGTE BROTE

24–28 dünne Baguettescheiben

Kartoffelsalat

200 g junge Kartoffeln, in der Schale gekocht

½ EL Weißweinessig

Salz und Pfeffer

3–4 EL Mayonnaise

2 hart gekochte Eier, fein gehackt

2 Frühlingszwiebeln, gehackt

12–14 schwarze Oliven, entsteint und klein geschnitten, zum Garnieren

Thunfischsalat

200 g Thunfisch in Öl, abgetropft

4 EL Mayonnaise

2 hart gekochte Eier, fein gehackt

1 Tomate, gegrillt, gehäutet, entkernt und fein gehackt

2 TL abgeriebene Zitronenschale

Cayennepfeffer (nach Belieben)

Salz und Pfeffer

12–14 in Öl eingelegte Sardellenfilets, abgetropft

1 Für den Kartoffelsalat die Kartoffeln pellen, sobald sie kalt genug zum Anfassen sind, und in 5 mm große Würfel schneiden. Im Essig schwenken und mit Salz und Pfeffer würzen. Beiseitestellen und ganz abkühlen lassen. Die Mayonnaise unterrühren, dann die gehackten Eier und die Frühlingszwiebeln unterheben. Abschmecken, großzügig auf die Brotscheiben verteilen und jede Scheibe mit einem Stück Olive garnieren.

2 Für den Thunfischsalat den abgetropften Thunfisch fein zerteilen, in eine Schüssel geben und mit der Mayonnaise mischen. Hart gekochte Eier, Tomate, Zitronenschale und Cayennepfeffer unterheben. Abschmecken, großzügig auf die Brotscheiben verteilen und jede Scheibe mit einem Sardellenfilet garnieren.

Knoblauch-Brotwürfel mit Chorizo

FÜR 6–8 PERSONEN

200 g Chorizo
4 dicke Scheiben Weißbrot vom Vortag
Olivenöl, zum Braten
3 Knoblauchzehen, fein gehackt
2 EL frisch gehackte glatte Petersilie
Paprikapulver, zum Garnieren

1 Die Chorizo in 1 cm dicke Scheiben schneiden. Das Brot mit Rinde in 1 cm große Würfel schneiden. Den Boden einer gusseisernen Pfanne großzügig mit Olivenöl bedecken. Das Öl erhitzen, den Knoblauch hineingeben und 30–60 Sekunden leicht bräunen.

2 Die Brotwürfel in die Pfanne geben und unter ständigem Rühren knusprig goldbraun braten. Chorizo-Scheiben zufügen und 1–2 Minuten erhitzen. Brot und Chorizo mit einem Schaumlöffel aus der Pfanne heben und auf Küchenpapier abtropfen lassen.

3 Brot, Chorizo und Petersilie in eine vorgewärmte Schale geben und umrühren. Mit Paprika bestäubt warm servieren. Dazu Cocktailspießchen reichen und immer ein Wurststück und einen Brotwürfel zusammen aufspießen und verzehren.

Knuspriges Brot mit Bohnen & Chorizo

FÜR 6 PERSONEN

3 Knoblauchzehen
4 EL Olivenöl
1 Gemüsezwiebel, fein gehackt
140 g Chorizo, in Scheiben
800 g weiße Bohnen aus der Dose, abgespült und abgetropft
Salz und Pfeffer
6 dicke Scheiben helles Bauernbrot, in Würfeln
4 Tomaten, gehackt
frische Petersilienzweige, zum Garnieren

1 2 Knoblauchzehen in dünne Scheiben schneiden. Das Olivenöl in einer großen, schweren Pfanne erhitzen. Zwiebel und Knoblauch darin bei geringer Hitze 5 Minuten unter gelegentlichem Rühren andünsten. Unterdessen die Chorizo-Scheiben halbieren.

2 Die Chorizo in die Pfanne geben, 2 Minuten dünsten und die Bohnen zufügen. Mit Salz und Pfeffer würzen.

3 Die Brotscheiben beidseitig toasten oder rösten. Derweil die Tomaten in die Pfanne geben.

4 Die dritte Knoblauchzehe halbieren, die Brotscheiben mit der Schnittseite der Zehe einreiben und mit dem restlichen Öl beträufeln. Das geröstete Brot auf Teller verteilen und mit der Bohnen-Wurst-Mischung belegen. Mit Petersilie garnieren und sofort servieren.

Geröstetes Weißbrot mit Bohnenpüree

FÜR 4 PERSONEN

280 g getrocknete weiße Bohnen
½ Zwiebel, fein gehackt
2 EL Olivenöl
2 EL frisch gehackte Minze
Salz und Pfeffer
4 dicke Scheiben helles Bauernbrot

TIPP: Das Bohnenpüree mit Frischhaltefolie abdecken und bis zur Verwendung in den Kühlschrank stellen. Vor dem Servieren wieder auf Zimmertemperatur bringen.

1 Die Bohnen in eine Schüssel füllen und mit kaltem Wasser bedecken. 4 Stunden oder über Nacht einweichen, dann abgießen.

2 Bohnen und Zwiebel in einem Topf gerade mit Wasser bedecken und zum Kochen bringen. 1½ Stunden garen, gut abtropfen und leicht abkühlen lassen.

3 Die Bohnen im Mixer zu einer glatten Masse verarbeiten. In eine Schüssel füllen und Olivenöl sowie Minze unterrühren. Mit Salz und Pfeffer würzen. Das Püree gleichmäßig auf den Brotscheiben verteilen und bei Zimmertemperatur servieren.

Klippfisch-Mousse auf Knoblauchtoast

FÜR 6 PERSONEN
200 g Klippfisch
5 Knoblauchzehen
240 ml Olivenöl
250 g Crème double
Pfeffer
6 dicke Scheiben helles Bauernbrot

1 Den Klippfisch 48 Stunden in kaltem Wasser einweichen, dabei das Wasser 3-mal täglich wechseln. Gut abtropfen lassen, in Stücke schneiden und in eine große, flache Pfanne geben. Mit kaltem Wasser abdecken und alles bis zum Siedepunkt erhitzen. 8–10 Minuten pochieren, bis der Fisch weich ist. Gut abtropfen und leicht abkühlen lassen.

2 4 Knoblauchzehen fein hacken. Die restlichen Knoblauchzehen halbieren und bis zur Verwendung beiseitestellen.

3 Den Fisch enthäuten, grob hacken und in den Mixer geben.

4 Olivenöl und Knoblauch in einen Topf geben. Bei geringer Hitze bis zum Siedepunkt bringen. Die Crème double in einem zweiten Topf ebenfalls zum Siedepunkt bringen. Beide Töpfe vom Herd nehmen.

5 Den Fisch fein pürieren. Bei laufendem Gerät abwechselnd etwas Knoblauchöl und Crème double zugießen und weiterpürieren. Auf diese Weise Knoblauchöl und Crème double vollständig unterarbeiten. Die Masse in eine Schüssel geben und mit Pfeffer würzen.

6 Die Brotscheiben beidseitig rösten und jede Scheibe mit der Schnittseite des restlichen Knoblauchs einreiben. Den Aufstrich auf den Brotscheiben verteilen und servieren.

Tomatenbrot

FÜR 4 PERSONEN
Brot oder Baguette, in Scheiben geschnitten
Tomaten
Knoblauch (nach Belieben)
Olivenöl (nach Belieben)

VARIATION: Für einen etwas gehaltvolleren Snack das Tomatenbrot mit Serrano-Schinken und Manchego belegen.

1 Für die einfachste Variante die Brotscheiben einfach mit einer halben, frischen, saftigen Tomate einreiben. Weiches Brot eventuell vorher toasten. Man kann es zudem mit Knoblauch würzen oder mit Olivenöl beträufeln.

Dreierlei Tomatentoast

FÜR 4–6 PERSONEN

12 dicke Scheiben helles Bauernbrot
12 Tomaten, gehäutet, entkernt und gewürfelt
8 Knoblauchzehen, fein gehackt
Salz und Pfeffer
etwa 380 ml Olivenöl

SCHINKEN-KAPERN-BELAG

2 Scheiben luftgetrockneter Schinken, in dünnen Streifen
8 Kapern, abgespült und abgetropft

CHORIZO-KÄSE-BELAG

8 Scheiben Chorizo, ohne Pelle
50 g Manchego oder Emmentaler, in Scheiben
2 grüne Oliven mit Paprikafüllung, halbiert

SARDELLEN-OLIVEN-BELAG

12 Sardellenfilets in Öl, abgetropft
4 mit Sardellenfilets gefüllte grüne Oliven

1 Die Brotscheiben beidseitig toasten. Unterdessen die Tomaten in einer Schüssel mit einer Gabel zerkleinern und mit dem Knoblauch mischen. Die Tomatenmasse gleichmäßig auf den Brotscheiben verstreichen, mit Salz und Pfeffer würzen und mit Olivenöl beträufeln.

2 Für den Schinken-Kapern-Belag die Schinkenstreifen in „S"-Form auf 4 Toastscheiben drapieren. Je 2 Kapern in den Windungen des „S" platzieren.

3 Für den Chorizo-Käse-Belag je 2 Chorizo-Scheiben auf 4 Brotscheiben verteilen, den Käse darauflegen und mit Oliven garnieren.

4 Für den Sardellen-Oliven-Belag je 3 Sardellenfilets ringförmig auf 4 Brotscheiben platzieren und je 1 Olive in die Mitte setzen.

Geröstetes Brot mit gegrillten Tomaten

FÜR 4 PERSONEN

3 EL Olivenöl
6 Tomaten, in dicken Scheiben
4 dicke Scheiben helles Bauernbrot
1 Knoblauchzehe, halbiert
4 EL Sherry-Essig
Salz und Pfeffer

VARIATION: Zum Garnieren gehobelten Manchego, Queso Iberico oder einen anderen Hartkäse verwenden.

1 Eine Grillpfanne mit 1 Esslöffel Öl einfetten und erhitzen. Die Tomatenscheiben darin auf hoher Stufe 2 Minuten auf jeder Seite grillen, bis sie gar sind und braun werden.

2 Unterdessen die Brotscheiben beidseitig rösten und jede Scheibe mit der Schnittseite des Knoblauchs einreiben.

3 Die Tomatenscheiben auf die Brotscheiben verteilen und mit Öl und Essig beträufeln. Mit Salz und Pfeffer würzen und servieren.

Broträllchen mit grünem Spargel

FÜR 8 PERSONEN

120 g weiche Butter, plus etwas mehr, zum Einfetten
8 grüne Spargelstangen
8 Scheiben Weißbrot, ohne Rinde
1 EL frisch gehackte Petersilie
fein abgeriebene Schale von 1 Orange
Salz und Pfeffer

1 Den Backofen auf 190 °C vorheizen und ein Backblech leicht einfetten. Holzige Spargelstangen schälen und alle Stangen locker mit Küchengarn zusammenbinden. In einen tiefen Topf mit kochendem Wasser geben und 3–5 Minuten gar kochen. Abgießen und unter fließend kaltem Wasser abschrecken. Abtropfen lassen und mit Küchenpapier trocken tupfen.

2 Die Brotscheiben leicht mit einem Nudelholz plätten. 60 g Butter, Petersilie und Orangenschale in einer Schüssel mischen und mit Salz und Pfeffer würzen. Die Brotscheiben mit der Würzbutter bestreichen.

3 Je 1 Spargelstange an der Kante einer Brotscheibe platzieren und aufrollen. Ebenso mit dem restlichen Spargel verfahren. Die Spargelröllchen mit der Nahtstelle nach unten auf ein Backblech setzen.

4 Die restliche Butter in einem kleinen Topf zerlassen und die Röllchen damit bestreichen. 15 Minuten im vorgeheizten Ofen knusprig und goldbraun backen. Leicht abkühlen lassen und warm servieren.

Sardellenröllchen

FÜR 4 PERSONEN

Butter, zum Einfetten und Bestreichen
8 in Salz eingelegte Sardellenfilets
60 ml Milch
4 Scheiben Weißbrot, ohne Rinde
1 EL Dijon-Senf
2 EL geriebener Manchego oder Emmentaler

1 Den Backofen auf 220 °C vorheizen. Ein Backblech leicht einfetten. Die Sardellenfilets in einer kleinen, flachen Schüssel mit der Milch übergießen. 10–15 Minuten einweichen. Abgießen und mit Küchenpapier trocken tupfen.

2 Die Brotscheiben mit Butter und Senf bestreichen. Mit dem Käse bestreuen, die Filets auf die Brotscheiben verteilen und aufrollen.

3 Die Röllchen auf das Backblech setzen und 6–7 Minuten im vorgeheizten Ofen backen. Warm servieren.

Baguette mit Oliven-Paprika-Aufstrich

FÜR 4–6 PERSONEN

2 rote Paprika, halbiert
3 Knoblauchzehen
2 TL Kapern, abgespült, abgetropft und halbiert
4 EL frisch gehackte Petersilie
1 EL Zitronensaft
1 TL gemahlener Kreuzkümmel
2 TL Zucker
50 g schwarze Oliven, entsteint und gehackt
1 Baguette
2 EL Olivenöl

1 Den Backofengrill vorheizen. Die Paprikahälften mit der Hautseite nach oben nebeneinander auf ein Backblech setzen. Unter dem vorgeheizten Grill 8–10 Minuten rösten, bis die Haut schwarz wird und Blasen wirft. Die Paprika mit einer Zange in einen Frischhaltebeutel füllen, zubinden und abkühlen lassen. Wenn die Paprika abgekühlt sind, die Haut abziehen.

2 1 Knoblauchzehe fein hacken. In den Mixer geben und mit Paprika, Kapern, Petersilie, Zitronensaft, Kreuzkümmel und Zucker zu einer glatten Masse verarbeiten. In eine Schüssel füllen und die Oliven unterrühren.

3 Die Rinde vom Baguette entfernen und das Brot in 1 cm dicke Scheiben schneiden. Die Brotscheiben beidseitig toasten. Die restlichen Knoblauchzehen halbieren, mit der Schnittseite über die Baguettescheiben reiben und die Scheiben mit Olivenöl bestreichen.

4 Die Paprikamasse auf den Baguettescheiben verteilen und auf einer Platte anrichten. Sofort servieren.

Baguette mit Zwiebeln & Oliven

FÜR 4–8 PERSONEN

2 EL Olivenöl
1 Zwiebel, in dünnen Ringen
1 Knoblauchzehe, fein gehackt
2 TL frisch gehackter Thymian
Salz und Pfeffer
1 frisches kleines Baguette
1 EL Oliven-Tapenade oder Butter
8 Sardellenfilets in Öl, abgetropft
12 mit Mandeln oder Zwiebeln gefüllte Oliven, halbiert

1 Das Olivenöl in einer schweren Pfanne erhitzen. Zwiebel und Knoblauch darin bei geringer Hitze 15 Minuten unter gelegentlichem Rühren goldbraun und sehr weich dünsten. Den Thymian unterrühren und alles mit Salz und Pfeffer würzen.

2 Unterdessen die Brotenden abschneiden und das restliche Baguette in 8 Scheiben schneiden. Beidseitig rösten und mit Tapenade oder Butter bestreichen.

3 Die Zwiebelmischung auf den Brotscheiben verteilen und jede mit 1 Sardellenfilet und den Oliven garnieren. Heiß servieren.

Garnelentoast

FÜR 4 PERSONEN

3 Knoblauchzehen
4 EL Olivenöl
1 Gemüsezwiebel, fein gehackt
400 g weiße Bohnen aus der Dose, abgespült und abgetropft
4 Tomaten, gewürfelt
Salz und Pfeffer
4 dicke Scheiben helles Bauernbrot
280 g gekochte Garnelen, ausgelöst und Darmfäden entfernt
Brunnenkresse, zum Garnieren

1 1 Knoblauchzehe halbieren und beiseitelegen. Die restlichen Zehen fein hacken. 2 Esslöffel Olivenöl in einer großen, schweren Pfanne erhitzen. Zwiebel und Knoblauch darin bei geringer Hitze 5 Minuten unter gelegentlichem Rühren andünsten.

2 Bohnen und Tomaten zugeben, mit Salz und Pfeffer würzen und 5 Minuten sanft köcheln.

3 Unterdessen die Brotscheiben beidseitig rösten, jede Scheibe mit der Schnittseite des beiseitegelegten Knoblauchs einreiben und mit dem restlichen Öl beträufeln.

4 Die Garnelen unter die Bohnenmischung rühren und 2–3 Minuten sanft erhitzen. Auf den Brotscheiben verteilen, mit Brunnenkresse garnieren und sofort servieren.

Gratinierte Auberginentoasts

FÜR 4 PERSONEN

5 EL Olivenöl
2 Auberginen, in Scheiben
2 Tomaten, halbiert
2 TL frisch gehackter Thymian
120 g Ziegenkäse, zerbröckelt
Salz und Pfeffer
4 dicke Scheiben helles Bauernbrot
1 Knoblauchzehe, halbiert

1 Eine Grillpfanne mit 1 Esslöffel Öl einfetten und erhitzen. Auberginenscheiben und Tomatenhälften darin bei mittlerer Hitze unter gelegentlichem Wenden 5 Minuten grillen. Auf ein Schneidebrett geben und grob hacken.

2 In einer Schüssel mit Thymian und etwa der Hälfte des Käses mischen. Mit 2–3 Esslöffeln Öl beträufeln, mit Salz und Pfeffer würzen und gut vermengen. Unterdessen den Backofengrill vorheizen.

3 Die Brotscheiben unter dem vorgeheizten Grill beidseitig rösten. Jede Scheibe mit der Schnittseite des Knoblauchs einreiben und mit dem restlichen Öl beträufeln.

4 Die Auberginenmischung auf den Brotscheiben verteilen und mit dem restlichen Käse bestreuen. Unter dem vorgeheizten Grill 2–3 Minuten rösten, bis der Käse Blasen wirft. Sofort servieren.

Spanische Spinat-Tomaten-Pizza

ERGIBT 32 STÜCK

2 EL Olivenöl, plus etwas mehr, zum Einfetten und Beträufeln
1 Zwiebel, fein gehackt
1 Knoblauchzehe, fein gehackt
400 g gewürfelte Tomaten
125 g Blattspinat
Salz und Pfeffer
2 EL Pinienkerne

TEIG

125 ml warmes Wasser
½ TL Trockenhefe
1 Prise Zucker
175 g Weizenmehl Type 550, plus etwas mehr, zum Bestäuben
½ TL Salz

1 Das Wasser in eine Schüssel gießen, Hefe und Zucker hineinstreuen. An einem warmen Ort 10–15 Minuten schaumig werden lassen.

2 Mehl und Salz in eine Schüssel sieben. In die Mitte eine Vertiefung drücken, die Hefemischung hineingeben und verrühren. Mit den Händen verkneten, bis sich der Teig vom Rand löst. Den Teig auf eine bemehlte Arbeitsfläche geben und 10 Minuten glatt kneten. In einer Schüssel abgedeckt 1 Stunde aufgehen lassen.

3 Für den Belag das Olivenöl in einer Pfanne erhitzen. Die Zwiebel darin 5 Minuten glasig dünsten. Den Knoblauch zufügen und 30 Sekunden anbraten. Die Tomaten zugeben und unter gelegentlichem Rühren 5 Minuten einkochen. Den Spinat einrühren und leicht zusammenfallen lassen. Mit Salz und Pfeffer würzen.

4 Den Backofen auf 200 °C vorheizen. Mehrere Backbleche mit Olivenöl einfetten. Den Teig auf einer bemehlten Arbeitsfläche 2–3 Minuten kräftig durchkneten, dünn ausrollen und mit einem Ausstecher (6 cm Ø) 32 Kreise ausstechen. Auf die Bleche setzen. Die Teigkreise mit der Spinatmischung bestreichen, mit Pinienkernen bestreuen und mit etwas Olivenöl beträufeln. Im vorgeheizten Ofen 10–15 Minuten backen, bis die Teigränder goldbraun sind.

Chorizo-Pizza

FÜR 4–6 PERSONEN
6 Tomaten, in Scheiben geschnitten
Salz und Pfeffer
2 Zwiebeln, fein gehackt
12 schwarze Oliven
4 Scheiben Serrano-Schinken
10 Scheiben Chorizo-Aufschnitt
2 EL frisch gehackte Kräuter
50 g Tronchón oder Mozzarella, in dünnen Scheiben
4 EL Olivenöl

TEIG
½ Würfel Hefe
225 g Mehl, plus etwas mehr, zum Bestäuben
250 ml lauwarmes Wasser
1 Prise Salz
4 EL Olivenöl

1 Für den Teig Hefe, 50 g Mehl und Wasser in einer Schüssel verrühren. 10 Minuten ruhen lassen.

2 Unterdessen das restliche Mehl mit Salz in eine große Schüssel sieben und in die Mitte eine Vertiefung drücken. Olivenöl und Hefemischung hineingeben. Die Zutaten mischen und gut durchkneten. Mit einem sauberen Geschirrtuch abgedeckt an einem warmen Ort auf doppelte Größe aufgehen lassen.

3 Den Backofen auf 220 °C vorheizen und ein Blech im Ofen erhitzen. Den Teig auf einer leicht bemehlten Arbeitsfläche zu einem runden Boden (28–30 cm Ø) ausrollen und am Rand eine leicht erhöhte Kante formen.

4 Die Tomatenscheiben auf dem Teig verteilen und salzen, die Zwiebeln darübergeben. Oliven, Schinken und Chorizo auf der Pizza verteilen. Mit Pfeffer würzen und mit Kräutern bestreuen. Den Käse darübergeben. Mit Olivenöl beträufeln.

5 Die Pizza vorsichtig auf das vorgeheizte Blech legen und im Ofen 30 Minuten backen, bis der Käse geschmolzen und der Teigrand leicht gebräunt ist. In Stücke geschnitten servieren.

Aïoli 12, 15
Artischocken
  Artischocken-Spargel-Salat 63
  Melonen-Artischocken-Salat mit Chorizo 64
Aubergine
  Auberginen-Dip 25
  Auberginen-Paprika-Dip 26
  Gratinierte Auberginentoasts 250
  Marinierte Auberginen 28
Austern
  Austern im Backteig 195
  Austern mit Sherry-Essig 194

Bandilleras 80
Blumenkohl, Frittierter Blumenkohl 47
Bohnen
  Bohnen-Garnelen-Salat mit Käse 34
  Bohnensalat mit Blauschimmelkäse 116
  Dicke Bohnen mit Serrano-Schinken 35
  Garnelentoast 248
  Gemischter Bohnensalat 36
  Geröstetes Weißbrot mit Bohnenpüree 238
  Grüne Bohnen in Tomatensauce 50
  Grüne Bohnen mit Mandeln 49
  Grüne Bohnen mit Pinienkernen 48
  Knuspriges Brot mit Bohnen & Chorizo 237
  Lima-Bohnensalat 77
  Maurischer Bohnen-Dip 32
  Tintenfisch-Bohnen-Salat 156
  Venusmuscheln mit Bohnen 191
Brot
  Baguette mit Oliven-Paprika-Aufstrich 246
  Baguette mit Zwiebeln & Oliven 247
  Brotröllchen mit grünem Spargel 243
  Burgos mit Sherry-Essig 114
  Chorizo-Pizza 252
  Dreierlei Tomatentoast 241
  Garnelentoast 248
  Geröstetes Brot mit gegrillten Tomaten 242
  Geröstetes Weißbrot mit Bohnenpüree 238
  Gratinierte Auberginentoasts 250
  Klippfisch-Mousse auf Knoblauchtoast 239
  Knoblauch-Brotwürfel mit Chorizo 236
  Knuspriges Brot mit Bohnen & Chorizo 237
  Pizza mit Gemüse & Venusmuscheln 232
  Sardellenröllchen 244
  Spanische Spinat-Tomaten-Pizza 251
  Tomatenbrot 240
Calamares 152

Champignons
  Chilichampignons 67
  Chorizo-Pilz-Spießchen 213
  Gefüllte Champignons 68
  Knoblauchchampignons 66
  Spinat-Champignon-Tortilla 102
Chili
  Chilichampignons 67
  Chiligarnelen 174
  Chili-Zitronen-Sardinen 142
  Frittierte grüne Chillies 46
  Frittierte Muscheln mit Chili-Dressing 188
  Junge Kartoffeln mit Chilisauce 11
  Marinierte Muscheln mit Chili 185
  Röstkartoffeln mit Chiliöl & Aïoli 15
  Steakhappen mit Chilisauce 206
Chorizo
  Chorizo-Empanadillas 216
  Chorizo in Rotwein 218
  Chorizo-Käse-Tortilla 104
  Chorizo mit Wachteleiern 217
  Chorizo-Pilz-Spießchen 213
  Chorizo-Pizza 252
  Dreierlei Tomatentoast 241
  Frittierte gefüllte Datteln 214
  Gebratene Chorizo mit Kräutern 220
  Kichererbsensalat mit Chorizo 222
  Knoblauch-Brotwürfel mit Chorizo 236
  Knuspriges Brot mit Bohnen & Chorizo 237
  Melonen-Artischocken-Salat mit Chorizo 64
  Rühreier baskischer Art 92
  Zitronen-Knoblauch-Huhn 223

Datteln, Frittierte gefüllte 214
Dicke Bohnen (siehe Bohnen)
Dips
  Auberginen-Dip 25
  Auberginen-Paprika-Dip 26
  Garnelen im Backteig mit Koriander-Dip 162
  Maurischer Bohnen-Dip 32
  Röstknoblauch-Dip 22

Eier (siehe auch Tortilla)
  Baskische Eier mit roter Paprika 93
  Chorizo mit Wachteleiern 217
  Flamenco-Eier 94
  Gebackene Tomatennester 106
  Gefüllte frittierte Eier 97
  Grüner Spargel mit Spiegelei 56
  Käseeier 108
  Rühreier baskischer Art 92
  Teufelseier 96
  Thunfisch-Kartoffel-Salat mit Ei 148
Empanadillas 78
  Chorizo-Empanadillas 216
  Käse-Oliven-Empanadillas 110

Feigen mit Blauschimmelkäse 109
Fisch (siehe auch Sardellen; Klippfisch; Sardinen, Thunfisch)
  Angulas 145
  Frittierter eingelegter Seeteufel 134
  Kabeljau-Kapern-Kroketten 128
  Katalanische Seezunge 136
  Lachs in Mojo-Sauce 130
  Sauer eingelegte Makrele 144
  Seeteufel-Rosmarin-Spieße 132
  Würzige frittierte Sprotten 151

Garnelen
  Blätterteigecken mit Garnelenfüllung 172
  Bohnen-Garnelen-Salat mit Käse 34
  Chiligarnelen 174
  Garnelen im Backteig mit Koriander-Dip 162
  Garnelen im Schinkenmantel 167
  Garnelen mit Safran-Dressing 163
  Garnelentoast 248
  Knoblauchgarnelen mit Zitrone & Petersilie 164
  Limettengarnelen 166
  Pikante Sherry-Garnelen 169
  Riesengarnelen mit Knoblauch 165
  Safrangarnelen mit Zitronen-mayonnaise 170
Gemischter Tapas-Teller mit Steaks 207

Hühnchen
  Bandilleras 80
  Hühnchenflügel mit Tomaten-Dressing 226
  Hühnchenrouladen mit Oliven 228
  Knusprige Hühnchen-Schinken-Kroketten 229
Hühnerleber
  Hühnchenleber in Sherry-Sauce 224
  Pikante Hühnerleber 225

Jakobsmuscheln
  Jakobsmuscheln in Cidre 175
  Jakobsmuscheln in Orangensaft 179
  Jakobsmuscheln mit Blauschimmelkäse 178
  Jakobsmuscheln mit Serrano-Schinken 176
  Muscheln in Safransauce 180
  Überbackene Jakobsmuscheln 181

Kabeljau (siehe auch Klippfisch)
  Kabeljau-Kapern-Kroketten 128
Kapern
  Dreierlei Tomatentoast 241
  Garnelen im Schinkenmantel 167
  Gefüllte Kirschtomaten 38
  Kabeljau-Kapern-Kroketten 128
  Paprikagemüse mit Essig & Kapern 72

Kartoffeln
Chorizo-Käse-Tortilla 104
Feurig-scharfe Kartoffeln 16
Gebratene Kartoffeln 7
Gemischter Tapas-Teller mit Steaks 207
Junge Kartoffeln mit Aïoli 12
Junge Kartoffeln mit Chilisauce 11
Kartoffelecken mit Röstknoblauch-Dip 22
Kartoffeln im Schinkenmantel 14
Pikante Kartoffelecken 18
Röstkartoffeln mit Chiliöl & Aïoli 15
„Runzelkartoffeln" mit Mojo-Sauce 24
Russischer Salat 20
Salate auf Brot 234
Spanische Kartoffeln 10
Spanische Tortilla 100
Thunfisch-Kartoffel-Salat mit Ei 148
Tortilla-Würfel 98
Warmer Kartoffelsalat 19
Käse
Bandilleras 80
Bohnen-Garnelen-Salat mit Käse 34
Bohnensalat mit Blauschimmelkäse 116
Burgos mit Sherry-Essig 114
Chorizo-Käse-Tortilla 104
Dreierlei Tomatentoast 241
Frittierter Manchego 115
Gebackene Tomatennester 106
Gefüllte Spitzpaprika 76
Gemischter Tapas-Teller mit Steaks 207
Gratinierte Auberginentoasts 250
Jakobsmuscheln mit Blauschimmelkäse 178
Käseeier 108
Käse-Oliven-Empanadillas 110
Käse-Windbeutelchen mit Tomatensauce 112
Manchego mit Quittengelee 119
Pimientos mit Käsefüllung 55
Röstpaprika mit feurig-scharfem Käse 74
Schafskäse mit Schalotten-Kräuter-Dressing 118
Spinat-Champignon-Tortilla 102
Teigtaschen mit Schinken & Käse 211
Tortilla-Würfel 98
Zucchinistreifen mit Käse & Zitronen-Dressing 43
Kichererbsensalat mit Chorizo 222
Klippfisch
Gebackene Klippfischstreifen 126
Katalanischer Klippfischsalat 124
Klippfisch & Avocado 127
Klippfisch-Mousse auf Knoblauchtoast 239
Klippfisch-Spinat-Küchlein 122
Knoblauch
Kartoffelecken mit Röstknoblauch-Dip 22
Klippfisch-Mousse auf Knoblauchtoast 239
Knoblauchchampignons 66
Knoblauchgarnelen mit Zitrone & Petersilie 164
Knoblauchtomaten 42
Muscheln mit Kräuter-Knoblauch-Butter 186
Riesengarnelen mit Knoblauch 165
Schaschli in Orangenmarinade 208
Venusmuscheln in Knoblauch-Tomaten-Sauce 192
Zitronen-Knoblauch-Huhn 223
Krebs
Gefüllte Kirschtomaten 38
Geschmorter Gurkensalat 51
Krebsfleisch mit Mandeln 157
Krebstörtchen 158
Paprika mit Krebssalatfüllung 160

Lamm
Fleischklößchen in Mandelsauce 204
Fleischklößchen mit Tomatensauce 202
Lammspieße mit Zitrone 200

Manchego (siehe Käse)
Mandeln
Fleischklößchen in Mandelsauce 204
Grüne Bohnen mit Mandeln 49
Karamellisierte Mandeln 109
Krebsfleisch mit Mandeln 157
Paprikamandeln 88
Röstpaprika mit Honig & Mandeln 60
Salzmandeln 89
Schinkenkroketten mit Mandeln 212
Meeresfrüchte (siehe Austern, Calamares, Garnelen, Jakobsmuscheln, Muscheln, Venusmuscheln)
Melonen-Artischocken-Salat mit Chorizo 64
Mojo-Sauce 24, 130
Muscheln
Frittierte Muscheln mit Chili-Dressing 188
Katalanische Muscheln 182
Marinierte Muscheln mit Chili 185
Muscheln mit gelber Paprika-Salsa 189
Muscheln mit Kräuter-Knoblauch-Butter 186

Nüsse (siehe Mandeln)

Oliven
Baguette mit Oliven-Paprika-Aufstrich 246
Baguette mit Zwiebeln & Oliven 247
Dreierlei Tomatentoast 241
Eingelegte Oliven 84
Gefüllte Kirschtomaten 38
Gemüsezwiebelsalat 29
Hühnchenrouladen mit Oliven 228
Käse-Oliven-Empanadillas 110
Marinierte Oliven 87
Oliven-Sardellen-Röllchen 86
Thunfisch mit gefüllten Oliven 150
Tomaten-Oliven-Salat 39
Zitronen-Orangen-Oliven 85
Orangen
Jakobsmuscheln in Orangensaft 179
Orangen-Fenchel-Salat 54
Schaschlik-Spieße in Orangenmarinade 208
Zitronen-Orangen-Oliven 85

Paprika
Auberginen-Paprika-Dip 26
Baguette mit Oliven-Paprika-Aufstrich 246
Baskische Eier mit roter Paprika 93
Flamenco-Eier 94
Gefüllte Paprika 70
Gefüllte Spitzpaprika 76
Muscheln mit gelber Paprika-Salsa 189
Paprikagemüse mit Essig & Kapern 72
Paprika mit Krebssalatfüllung 160
Pimientos mit Käsefüllung 55
Röstpaprika mit feurig-scharfem Käse 74
Röstpaprika mit Honig & Mandeln 60
Röstpaprikasalat 62
Rühreier baskischer Art 92
Schaschlik in Orangenmarinade 208
Tortilla-Würfel 98
Picada 80
Pinienkerne
Grüne Bohnen mit Pinienkernen 48
Zucchini mit Pinienkernsauce 44
Pizza
Chorizo-Pizza 252
Pizza mit Gemüse & Venusmuscheln 232
Spanische Spinat-Tomaten-Pizza 251
Porree mit Kräutermarinade 59

Quittengelee 119

Rindfleisch
Fleischklößchen in Mandelsauce 204
Gefüllte Zwiebeln aus dem Ofen 30
Gemischter Tapas-Teller mit Steaks 207
Schaschlik in Orangenmarinade 208
Steakhappen mit Chilisauce 206
Romesco-Sauce 141
Russischer Salat 20

Salate
  Bohnensalat mit Blauschimmelkäse 116
  Gemüsezwiebelsalat 29
  Katalanischer Klippfischsalat 124
  Lima-Bohnensalat 77
  Maurischer Zucchinisalat 52
  Melonen-Artischocken-Salat mit Chorizo 64
  Orangen-Fenchel-Salat 54
  Paprika mit Krebssalatfüllung 160
  Röstpaprikasalat 62
  Russischer Salat 20
  Salate auf Brot 234
  Thunfisch-Kartoffel-Salat mit Ei 148
  Tintenfisch-Bohnen-Salat 156
  Tomaten-Oliven-Salat 39
  Warmer Kartoffelsalat 19
Salsa
  Muscheln mit gelber Paprika-Salsa 189
  Tomaten-Paprika-Salsa 7
Sardellen
  Baguette mit Zwiebeln & Oliven 247
  Dreierlei Tomatentoast 241
  Empanadillas 78
  Gefüllte Kirschtomaten 38
  Gemischter Tapas-Teller mit Steaks 207
  Käse-Oliven-Empanadillas 110
  Oliven-Sardellen-Röllchen 86
  Sardellenröllchen 244
Sardinen
  Chili-Zitronen-Sardinen 142
  Frittierte Sardinen 139
  Gefüllte frittierte Eier 97
  Gegrillte Sardinen 138
  Marinierte Sardinen in Sherry-Essig 140
  Sardinenescabeche 143
  Sardinen mit Romesco-Sauce 141
Schinken
  Dicke Bohnen mit Serrano-Schinken 35
  Dreierlei Tomatentoast 241
  Garnelen im Schinkenmantel 167
  Jakobsmuscheln mit Serrano-Schinken 176
  Kartoffeln im Schinkenmantel 14
  Knusprige Hühnchen-Schinken-Kroketten 229
  Röstspargel in Serrano-Schinken 58
  Schinkenkroketten mit Mandeln 212
  Serrano-Schinken mit Rucola 210
  Teigtaschen mit Schinken & Käse 211
Schweinefleisch
  Fleischklößchen in Mandelsauce 204
  Mini-Fleischspieße 198
Seeteufel (siehe Fisch)
Serrano-Schinken (siehe Schinken)
Spargel
  Artischocken-Spargel-Salat 63
  Brotröllchen mit grünem Spargel 243
  Grüner Spargel mit Spiegelei 56
  Röstspargel in Serrano-Schinken 58
Spieße
  Chorizo-Pilz-Spießchen 213
  Lammspieße mit Zitrone 200
  Mini-Fleischspieße 198
  Schaschlik in Orangenmarinade 208
  Seeteufel-Rosmarin-Spieße 132
Spinat
  Empanadillas 78
  Klippfisch-Spinat-Küchlein 122
  Spanische Spinat-Tomaten-Pizza 251
  Spinat-Champignon-Tortilla 102

Thunfisch
  Salate auf Brot 234
  Thunfisch-Kartoffel-Salat mit Ei 148
  Thunfisch mit gefüllten Oliven 150
  Thunfisch-Paprika-Röllchen 146
Tintenfisch
  Calamares 152
  Gefüllte Kalmare in eigener Tinte 154
  Salat mit Tintenfischringen & Tomaten 153
  Tintenfisch-Bohnen-Salat 156
Tomaten
  Chorizo-Käse-Tortilla 104
  Dreierlei Tomatentoast 241
  Flamenco-Eier 94
  Fleischklößchen mit Tomatensauce 202
  Garnelen im Schinkenmantel 167
  Gebackene Tomatennester 106
  Gefüllte Kirschtomaten 38
  Geröstetes Brot mit gegrillten Tomaten 242
  Grüne Bohnen in Tomatensauce 50
  Hühnchenflügel mit Tomaten-Dressing 226
  Käse-Windbeutelchen mit Tomatensauce 112
  Knoblauchtomaten 42
  Rühreier baskischer Art 92
  Salat mit Tintenfischringen & Tomaten 153
  Schaschlik in Orangenmarinade 208
  Spanische Spinat-Tomaten-Pizza 251
  Tomatenbrot 240
  Tomaten mit Reisfüllung 40
  Tomaten-Oliven-Salat 39
  Tomaten-Paprika-Salsa 7
  Venusmuscheln in Knoblauch-Tomaten-Sauce 192
Tortilla
  Chorizo-Käse-Tortilla 104
  Spanische Tortilla 100
  Spinat-Champignon-Tortilla 102
  Tortilla-Würfel 98
Venusmuscheln
  Pizza mit Gemüse & Venusmuscheln 232
  Venusmuscheln a la Plancha 190
  Venusmuscheln in Knoblauch-Tomaten-Sauce 192
  Venusmuscheln mit Bohnen 197

Zitronen
  Chili-Zitronen-Sardinen 142
  Knoblauchgarnelen mit Zitrone & Petersilie 164
  Lammspieße mit Zitrone 200
  Safrangarnelen mit Zitronenmayonnaise 170
  Zitronen-Knoblauch-Huhn 223
  Zitronen-Orangen-Oliven 85
Zucchini
  Maurischer Zucchinisalat 52
  Zucchini mit Pinienkernsauce 44
  Zucchinistreifen mit Käse & Zitronen-Dressing 43
Zwiebeln
  Baguette mit Zwiebeln & Oliven 247
  Gefüllte Zwiebeln aus dem Ofen 30
  Gemüsezwiebelsalat 29
  Schaschlik in Orangenmarinade 208
  Tortilla-Würfel 98